# 古代名士是怎样炼成的

# 笔墨丹青之名士风流

漫扬文化 编绘

人民邮电出版社
北京

图书在版编目（CIP）数据

古代名士是怎样炼成的 ： 笔墨丹青之名士风流 / 漫扬文化编绘. -- 北京 ： 人民邮电出版社，2023.5
ISBN 978-7-115-60453-8

Ⅰ. ①古… Ⅱ. ①漫… Ⅲ. ①名人－生平事迹－中国－魏晋南北朝时代－通俗读物 Ⅳ. ①K820.35-49

中国版本图书馆CIP数据核字(2022)第217608号

## 内容提要

中国名士风流以“魏晋风流”为代表。所谓魏晋风流，指的是魏晋时期的名士们所追求的一种极具魅力和影响力的人格美，其形成条件是玄心、洞见、妙赏、深情，其本质是追求艺术化、随心所欲而风流自赏的人生。本书选取了魏晋风流的代表人物“竹林七贤”——嵇康、阮籍、山涛、向秀、刘伶、阮咸、王戎，以及曹植、潘安、谢安、谢道韫、陶渊明、谢灵运六位魏晋南北朝时期的名士，绘制出他们的动漫形象，并配以生动有趣的文章。本书适合对古代文化、文史知识、动漫画集感兴趣的读者阅读。

◆ 编　　绘　漫扬文化
责任编辑　付　娇
责任印制　周昇亮
◆ 人民邮电出版社出版发行　　北京市丰台区成寿寺路 11 号
邮编　100164　　电子邮件　315@ptpress.com.cn
网址　https://www.ptpress.com.cn
天津市豪迈印务有限公司印刷
◆ 开本：787×1092　1/16
印张：8.5　　　2023 年 5 月第 1 版
字数：218 千字　　　2023 年 5 月天津第 1 次印刷

定价：79.80 元

读者服务热线：(010)81055296　印装质量热线：(010)81055316
反盗版热线：(010)81055315
广告经营许可证：京东市监广登字 20170147 号

# 前言

中国历史上曾经有这样一群人：

他们放歌纵酒，

他们傲啸山林，

他们视金钱如粪土，

他们看权贵若蝼蚁，

他们是那个时代的名人，

他们是一百年后仍被人们反复赞咏的名士。

关于“名士”的定义，有很多种不同的说法。比如郑玄注《礼记》中说“名士，不仕者”，把名士定义为有名望但是不当官的人；再比如杜甫在诗歌《陪李北海宴历下亭》中说：“海内此亭古，济南名士多”，突出名士是拥有才学的人。不管在哪种说法中，被称为名士的人都有一种放达和隐逸的生活态度，一种不同于常人的行为方式。也许因为名士们大都特立独行，所以名士常常与风流一词联系起来。

名士风流的佳话有很多。比如嵇康不去朝堂上当官，而是隐居在竹林中打铁；写出《酒德颂》的刘伶才华横溢，却常常醉饮；还有被嵇康写下绝交书的山涛，面对嵇康的公然绝交，在嵇康死后，却把嵇康的儿子抚养长大……

历史长河中的这些身影渐渐模糊不清，唯有流传下来的风流佳话供后人反复揣摩。但拨开历史的迷雾，探寻名士们的人生轨迹，我们似乎可以品尝到名士们的风流背后所隐藏的酸甜苦辣。

为了让更多人了解这些名士，“笔墨丹青”动漫项目的第二辑定位于“名士风流”，通过将漫画与故事相结合的方式，将名士们的形象展现出来。故事方面，我们约请了在文史方面研究颇深的张岩老师来撰写每位名士的故事。我们试图通过这样的方式，让名士们的形象变得生动起来。

现在，让我们翻开这本书来一探究竟吧！

漫扬文化

# 目录

# 嵇康

## 笑傲江湖

张岩 / 文

人物年代：　魏晋（三国时期）

人物小传：　嵇康，字叔夜，曹魏政权治书侍御史嵇昭之子，三国魏谯郡铚县（今安徽省濉溪县）人，魏晋时期著名的思想家、音乐家、文学家。嵇康聪颖好学，博览群书，精通音乐、文学、书画，身长七尺八寸（当时的一尺约为现在的二十四厘米），英俊潇洒，风度出众，迎娶曹魏宗室女为妻，先后官拜郎中、中散大夫，时人多称其为“嵇中散”。司马氏掌权后，嵇康激于义愤，隐居不仕。公元 263 年（一作 262 年），因遭钟会诬陷，嵇康在洛阳被处死，当时年仅四十岁。临刑时，嵇康神色如常，弹奏一曲《广陵散》后从容赴死。

个人成就：在文艺方面，嵇康现存诗歌五十多首，其中以四言诗居多且成就最高。其作品大多表现追求自然、厌恶功名富贵的人生观念，刘勰在《文心雕龙》中称“嵇志清峻”；在音乐方面，嵇康著有《琴赋》《声无哀乐论》等理论作品，并作有相关乐曲；在绘画和书法方面，嵇康善丹青，工于草书，墨迹“精光照人，气格凌云”；在学术方面，嵇康精通老庄学说，主张“越名教而任自然”“审贵贱而通物情”；嵇康是“竹林七贤”之一，也是魏晋名士的领军人物。

人物代表作：《幽愤诗》《与山巨源绝交书》《养生论》古琴曲《风入松》

# 嵇康

## —— 笑傲江湖

在中国历代名士中，嵇康是一个不容忽视的名字。但他这位名士是怎样炼成的，这个过程充满了悬念。

嵇康第一次为大众所知，是因为娶了曹家的一位公主。

这位公主的身份成谜，有人说她是曹操的孙女，有人说她是曹操的曾孙女，还有人说她是沛穆王曹林的孙女。关于公主的真实身份，现在还没有定论。不管怎么说，公主身份的人一般是不会嫁给普通人的。而嵇康那个时代特别讲究门当户对，既然能娶公主，说明嵇康也是有来头的。

嵇康的来头也是一个谜，比公主的身份还“谜”。嵇康的家世比较普通，祖上没出过了不起的大人物，虽然他有亲属在朝廷里做官，但也不是大官。所以，他是怎么当上驸马的，又是一个谁也说不清的问题。

总之，谜一样的驸马和谜一样的公主成亲了，嵇康的名字就这样传开了。

在金庸的小说《倚天屠龙记》里有这样一个片段——六大门派围攻光明顶，机缘巧合学会绝世神功的张无忌突然出场，一战成名而天下知。嵇康也是这样，一出场就让人眼前一亮。

很多人说嵇康长得帅。这种说法不能说不对，只是用“帅”这样的词来形容嵇康太俗气。见过嵇康的人，有的说他像一棵孤松，醉酒时摇摇晃晃，如同将要崩塌的玉山；有的说他风度翩翩，一看就让人觉得神清气爽；有的说他行走时如同清风穿越松林。

有一次，嵇康在深山里迷路，被一个樵夫撞见了，一见之下，樵夫竟然以为自己遇到了神仙。嵇康的儿子嵇绍也长得好看。嵇康去世多年之后，有一次，人们说嵇绍气质出众、姿态不凡，而嵇康的一个老朋友说，你们这样说，是因为你们没见过嵇绍的父亲。

大家都在夸嵇康，但没有一个人描述过他的具体相貌，比如他多高，眼睛、眉毛、鼻子、嘴长什么样。人们津津乐道的，只是对嵇康相貌的一种感受。或者说，人们津津乐道的是他的气质。

这容易使人联想到写意画，虽然画中具体画了什么，画家和看画人都很难描述清楚，但画家想通过画传达的意图是清楚的。如果说嵇康是一幅写意画，那这幅画的存在大概就让看画人明白了什么是“不染俗尘”吧。

如果仅仅形象好、气质佳，那倒也不是十分稀奇，随着光阴流水般的冲刷，美丽的外表终究会有“褪色”的那一天。嵇康很幸运，既有美好的容貌，又有令人惊叹的才华。

在嵇康生活的那个时代，一个人要想学习知识，要么靠家学渊源，要么舍得“花大钱”，背着干粮和铺盖投奔名师。嵇康祖上没出过像样的读书人，谈不上有家学渊源，嵇家也不富裕，日子过得紧巴巴的，花不起大价钱让嵇康求学。令人意外的是，就是在这样的条件下，嵇康居然自学成才了。

他有过目不忘的本领，读过的书全都深深镌刻在脑海里。他的悟性极高，许多人读一辈子书也学得含含糊糊，而他不用耗费太多时间就能读得明明白白。即使是“课外爱好”，他也能钻研出一片新天地。比如音乐，这是一个门槛很高的爱好，如果没有行家指点，一般人几乎没有窥其门径的可能，但嵇康只是在读书之余摆弄一番，竟然就成了音乐家，还写出了一套“石破天惊”的音乐理论。

这样的旷世奇才，想不出名都难。但可叹的是，飘逸绝伦的白鹤不幸落到了陷阱密布的阴暗丛林里。

此时的洛阳城里，司马氏与曹氏正在进行一场激烈的交锋。这场交锋旷日持久，极其复杂，交手双方都既不清白，也不无辜，很难说清谁对谁错。

嵇康对他们的交锋不感兴趣，既无意为曹氏冲锋陷阵，也不愿为司马氏摇旗呐喊，他的理想是做一个无拘无束的侠者，远离朝堂的是是非非，鼓楫泛舟于天水之间，弹铗长吟于幽篁之中。所以，他选择了置身事外。

嵇康的避风港是河内郡山阳县（今河南省焦作市）附近的一片竹林。在“名人效应”的带动下，访客们纷至沓来，竹林上空雀鸟惊飞，往日人迹罕至的地方渐渐热闹了起来。就是在这片竹林中，诞生了名垂千古的“竹林七贤”。

“七贤”的说法其实有问题，因为这个名号在嵇康去世很多年后才出现。据历史学家考证，与嵇康来往密切的并不止七人，而在所谓的“七贤”中，有的人热衷名利，以嵇康恬然淡泊的作风来看，他不太可能与这些嗜好名利的人深交；更有历史学家指出，就连“七贤”究竟有没有同时在竹林中出现过，都是个未知数；甚至是否真有竹林存在，也是有争议的。

作为追求自由和打破桎梏的象征，千百年来，“竹林七贤”寄托了人们太多美好的幻想，琐碎而苛刻的考证听起来虽不那么浪漫，但它恰恰最有可能接近事情的真相。

我们必须知道这样一个事实——魏晋南北朝年间，对于一般士人来说，名士的夸奖和提点，往往等同于在仕途中能让人扶摇直上青云，相当于现在一个普普通通的网民被一个“超级名人”点拨了一下，而在魏晋易代之际，嵇康就是这样一个“超级名人”。

尽管竹林的访客中不乏嵇康的至交好友，比如穷途歌哭的阮籍、嗜酒如命的刘伶、与猪酣饮的阮咸，但更多的人则可能是抱着“镀金”的心态而来，希望能得到嵇康的好评，以便在朝堂上扬名立万。然而，这些人肯定都失望了。嵇康是个清高的人，眼睛里容不下沙子，心直口快，常常贬斥那些满脑子都是名利却故作风流的俗人。虽然他知道这样做不好，但他就是管不住自己的嘴。

公正地说，嵇康未免“求之过深”了，因为清高并不意味着不食人间烟火，而嵇康设置的道德标杆太高了，并且总是按照自己的标准来品评他人。自然，他得罪的人不在少数，但好在大多数人还是明事理的，即使被嵇康当面贬损，也依然欣赏他的才华与为人。

虽然道不同，但我们依然欣赏你；虽然我们达不到你所说的道德标准，但我们依然敬重你。这是当时大多数人的选择，也是魏晋风度的一种表现。

竹林名士容易使人联想到各种惊世骇俗的行为艺术，比如纵酒。作为竹林名士的领袖，嵇康自然会被许多人想当然地视为魏晋“行为艺术家”的代表。然而，一个有趣的事实是，嵇康并没有做过放浪形骸的事，就连纵酒这种比较容易被大众接受的不良嗜好他都没有。他的种种趣闻轶事中，唯一能勉强称得上放浪形骸的事迹，就是他光着膀子锻铁。

在自诩诗书风流的文人雅士眼里，光着膀子锻铁是一种不雅的行为，所以很多人认为，嵇康这种行为就是一种行为艺术，目的在于表达对世俗礼法的藐视。或许，嵇康确实有这样的意图，但事情并没有这么简单，因为他喜欢锻打的是剑。

剑，庄重而轻灵，被誉为“兵中君子”。在中国古代所有的冷兵器中，它是最具有文化意味的一种象征：有时候，它标志着建功立业的雄心壮志，比如汉高祖刘邦自称提三尺剑取天下，淮阴侯韩信贫贱时常佩剑穿行于街市；有时候，它标志着人格的独立和对自由的向往，比如在诸侯文化昌盛的战国时期，许多侠客仗剑行侠。

嵇康是个有侠客情结的人，经常在作品中表达对侠客的推崇，如对聂政、豫让的崇拜。在他的生命体验里，剑无疑象征的是人格的独立和对自由的向往。当他在火炉边汗流浃背地挥舞铁锤时，每一把渐渐成型的剑，都是他侠客梦的一种寄托。

自汉朝开国以来，随着朝廷势力逐渐铺陈开来，以武犯禁的侠者销声匿迹，但侠义的魂魄在人们的精神世界里永远占有一席之地。时过境迁，虽然仗剑走天涯的梦注定不能成真了，但这并不妨碍嵇康在自己的世界里“与侠同行”。

这片无名竹林，就是嵇康的江湖；在这一片小小的江湖里，嵇康就是笑傲江湖的“武林盟主”。他和他的追随者们在这里偃仰啸歌，畅快淋漓地做着自己的梦，梦里有老庄，有诗文，有好酒，有剑气，有山水，有自由，唯独没有朝堂上的那些纷争。

可惜的是，嵇康的江湖梦是不切实际的，不为现实世界所容，所以注定是易碎的。

公元249年，司马氏策划了高平陵之变，灭了以大将军曹爽为首的曹魏宗亲势力。随着司马氏与曹氏相持局面的结束，士人的生存空间遭到了空前的“压缩”。士人们置身事外的时代结束了，他们必须要做出选择，要么为曹氏殉葬，要么向司马氏俯首称臣。有的人选择了反抗，弃尸于市；有的人选择了臣服，跪在司马氏面前瑟瑟发抖。

锻剑人还在竹林里，铁锤起起落落，剑身火花四溅。与以往相比，嵇康的侠客梦似乎并没有受到什么影响，只是竹林里冷清了一些。但在铁锤与长剑的碰撞中，嵇康在无声地嘶吼。他没有想到，司马氏居然会这么残忍。如果说此前曹氏与司马氏相持不下时，他的态度还是中立的，那么，当局势险恶到这一步时，他的态度就很明确了——与司马氏抗争到底。

火炉里烈焰熊熊，淬剑池里水汽蒸腾。嵇康还在锻剑，但此时他锻造的是无形之剑，他要以心为剑，以命为锋，像决绝的荆轲、执着的豫让、刚强的聂政那样，用自己的无形之剑向权倾天下的司马氏挑战。

司马氏打着以孝治天下的幌子愚弄世人，嵇康就毫不留情地揭开他们的面具。亲友投奔到了司马氏麾下，嵇康就告诉他们，司马氏只知道以权谋私，跟着他们不会有什么好下场……

嵇康无所顾忌地“舞剑”于司马氏前，司马氏十分恼怒，但顾忌到嵇康在士人中巨大的影响力，他们只能强忍怒火，以示自己能包容不同声音的“宽大”胸襟。出于好意，有友人曾经在司马氏面前为嵇康美言，并私下劝嵇康不要那么固执，但嵇康的回应很不友好，轻则对友人的选择表示遗憾，重则宣布与友人绝交。有一次，司马昭也向他伸出了橄榄枝，希望与嵇康握手言和，但嵇康坚定地拒绝了。

当时有一个名人，即深受司马氏器重的钟会，因为仰慕嵇康的才名，以好学晚辈的姿态来到竹林中，希望就某些学术问题与嵇康探讨一番。然而，高傲的嵇康拒绝与钟会交流，就连多看他一眼也不愿意。嵇康这一生得罪过很多人，很多人都没有在意，但这一次是个例外。

嵇康的好友之中有一对吕姓兄弟，哥哥叫吕巽，弟弟叫吕安。吕巽垂涎弟媳的美色，有一天，他设计侮辱了弟媳。吕安十分愤怒，但他并没有将此事告发出来。而吕巽心不自安，没过几天，吕巽忽然状告吕安为子不孝，虐待母亲。

西晋提倡以孝治天下，不孝是触犯律法的大罪。吕安究竟有没有虐待过母亲，这其实不难查清楚，但因为他是嵇康的朋友，光这一条诬告，吕安就没有什么翻案的余地了。

面对这桩是非颠倒的案件，嵇康愤怒了，他走出竹林，走出自己的小江湖，来到公堂上证明友人的清白，并撰文揭露吕巽的罪行。司马昭却以此为契机，将嵇康关押到了大牢里。这时候，钟会在司马昭面前煽风点火，称嵇康一直以来都包藏祸心，曾经企图勾结一个手握军权的将军颠覆司马氏的统治。于是，司马昭终于给嵇康定下罪名——“言论放荡，非毁典谟”。

消息传出，三千多名太学生联名上书，请求释放嵇康，并请求嵇康到太学任教。这样一来，司马昭的耐心终于到达了极限。于是，他下令杀了嵇康。

处刑的地点在洛阳东市。行刑那天，嵇康神态自若，好像要去另外一个世界仗剑走天涯，那个世界没有朝廷，没有权臣，没有权贵的斗争，也没有险恶的人心。他抬头眯眼看了看太阳，见离行刑还有一段时间，于是请来给他送行的人拿一架古琴过来。然后，他席地而坐，目送飞鸿，手挥五弦，弹奏了一曲《广陵散》。

与《广陵散》有关的传说很多，其中有一个传说，说的是侠客聂政当年为父报仇而刺杀韩王，失手后流落江湖，因机缘巧合而蒙神人传授，用时七年学会了《广陵散》。学成之后，他鼓琴于山野间、闹市中，飞禽走兽和往来人等无不听得如痴如醉。听闻世间有这等鼓琴高手，韩王便传召聂政入宫演奏，趁此良机，聂政抽出了藏在琴中的长剑……

在《广陵散》的这个传说里，聂政是胜利者；而在嵇康的故事里，他是失败者。

嵇康有个朋友，名叫山涛。高平陵之变后，山涛离开竹林，投靠司马氏，并劝说嵇康也为司马氏效力。嵇康谢绝了山涛的好意，还写了一封名垂千古的书信，宣布与山涛绝交，即《与山巨源绝交书》。然而，临死前，嵇康把还没有成年的儿子嵇绍托付给了山涛。山涛没有辜负老友的嘱托，之后许多年里，他始终将嵇绍视为己出，尽心尽力地抚养他。当年与嵇康同游竹林，后来被嵇康疏远的另外一些朋友，也自发地扮演起了父亲的角色，全心全意地栽培嵇绍。

而在留给嵇绍的书信中，嵇康变成了另外一个人，他就像一个打拼了一辈子的父亲，在教导即将踏入“职场”的儿子。他说，做人应该老老实实，本本分分，不要总想着与众不同；与别人打交道的时候，不要乱说话；与上级相处的时候，要学会尊重对方……总之，零零碎碎的言语表现的是庸庸碌碌的处世之道，完全不似嵇康的为人。

其实，与疏远山涛以及另外一些朋友的心境相同，嵇康告诫自己的儿子要成为一个“庸人”，这与他本人特立独行的人生形象并不矛盾。他并不虚伪或者薄情，而是预料到了自己的结局，因为不愿牵连别人，所以他才用那样的方式来保护自己的孩子和朋友。

嵇康按照自己想要的方式过完了一生，用自己的生命殉自己的道。嵇康用一场无比辉煌的死亡，成就了自己流芳百世的名声，铺出了“竹林七贤”的底色。

# 阮籍

## 世界尽头与冷酷的仙境

张岩 / 文

人物年代：　魏晋（三国时期）

人物小传：　阮籍，字嗣宗，陈留尉氏（今河南开封）人，竹林七贤之一。阮籍出身名门，以门荫而入仕，累迁步兵校尉，世称“阮步兵”。曹魏政权末年，曹氏与司马氏彼此攻讦，尽管心向曹氏，但为了避祸，阮籍一直对朝堂上的斗争持中立态度。魏晋易代之后，他一度游离在政治场合之外，不愿为司马氏效力，最终迫于司马氏的压力不得不低头。公元263年冬，阮籍在忧愤中去世，终年五十四岁。

个人成就：阮籍早年崇尚儒家思想，曹魏政权末期，出于对现实的失望，他转而投入以消极遁世为主题的道家思想上。阮籍在老庄学说方面颇有造诣，尤其是他那种纵酒狂放、藐视礼俗的作风，对魏晋年间的士人影响颇深。在诗文创作方面，阮籍是建安以来第一个全力创作五言诗的人，他在诗歌内容、题材方面所做的贡献，对后世的陶渊明、鲍照、陈子昂、李白等人具有深远的影响。

人物代表作：《咏怀八十二首》《大人先生传》《清思赋》《首阳山赋》

# 阮籍

## ——世界尽头与冷酷的仙境——

中国历史上留下哭泣典故的名人不少，但能把哭泣这件事变成一种行为艺术且流传千古的，只有阮籍。

深秋，黄昏。

眼前是一片萧瑟的原野，无路可走，处处荆棘，好像从开天辟地以来，这里就是无人涉足的世界尽头。血红色的晚霞包裹着一轮光色黯淡的夕阳，恍如岩浆正在冲刷着一颗褪色的金球。

马车在这里停下了。阮籍下了车，怔怔地望着黄一块绿一块的原野，金一块红一块的苍穹，他好像在寻找什么，又好像只是漫无目的地看看。忽然，他放声大哭，泪流满面。车夫和家仆一声不响，同样的事情他们已经遇到过很多次了。尽管至今他们也搞不清楚主人为何而哭，但经验告诉他们，什么也别说，什么也别做，在一边默默等着就行，等主人哭够了，他自然会上车回家。终于，阮籍止住哭声上了车，车夫驾着马车往家走。

天色越来越暗，阮籍离背后那片如同世界尽头的荒野越来越远，在他面前，一座巨大城池的轮廓徐徐浮现。城池上空暮鼓声声，昏鸦点点，那是洛阳城，黄河以北最为喧闹、最为繁华的地方。

阮籍内心深处有一个奇幻仙境，晶莹如冰，脆弱如瓷。而洛阳的烟火气太浓，欲望太多，这里的一切似乎时时刻刻都在提醒他，心中的那个奇幻仙境是假的。尽管阮籍不喜欢洛阳，但令人无可奈何的事实是，他离不开这里。

如果洛阳有感情、有人的思维，想必它会对阮籍报以同情和理解，因为此时，这座历史名都正在司马氏和曹氏之间“挣扎”，就如同阮籍在自由和桎梏之间难以抉择。

洛阳就像一面三棱镜，除了照出阮籍去留两难的纠结，还折射出了阮籍内心其他的生命体验——对父亲的记忆，以及对父亲曾经效力的曹魏政权的感情。

阮籍出生于陈留尉氏（今河南开封），他的父亲叫阮瑀，是大儒蔡邕的得意门生，才名远播的蔡文姬的师兄。

汉末军阀混战是继春秋战国之后，中国历史上的第二个乱世时代，裹挟在动乱风潮中的士人有更多的选择，也更容易在各路军阀的争斗中，体会到“身世浮沉雨打萍”的悲凉感：主公叱咤风云，他们就前程似锦；主公被竞争对手消灭，他们就如鸟雀散，另觅高枝，甚至会被处死。

陈留处于军阀混战的中心地带，生活在这里的士人自然更容易体会到生死无常的幻灭感。阮瑀原本没有出仕的意图，只想做一个乱世中的闲人，在曹操的再三逼迫下，才不情愿地走入官场，并从此与洛阳结下了不解之缘。尽管阮瑀步入官场的头开得很生硬，但事实证明，辅佐曹氏其实算是一个不错的选择。

阮瑀的主要工作是写公文，这份工作看起来简单，好像只是做主公的传声筒，没有太大的难度，但具体操作起来困难重重。因为公文在遣词造句上涉及许多问题，大多数情况下，写作者还得准确拿捏主公说话时难以揣测的心理。阮瑀的工作做得十分出色，曹操也对他十分器重。

但擅长并不等于热爱，从本质上来说，阮瑀是个心思细腻而敏感的文人，文学创作才是他的挚爱。幸运的是，曹氏父子也是狂热的文学爱好者，除开工作，阮瑀与曹氏父子在文学创作中也有许多情感上的共鸣，曹丕更是把阮瑀看作“建安七子”的核心之一。

建安十七年（公元 212 年），阮瑀去世。这一年，阮籍三岁。

阮家本身不富裕，阮瑀做官多年也没有攒下什么钱财。阮瑀撒手人寰之后，他的妻儿很快就陷入了孤苦无依的境地。幸好，曹阮两家的交往并没有因为阮瑀的突然去世而中断。曹丕在一些诗文中就描述过阮籍母子令人同情的悲苦生活，并情真意切地表达了对亡友的哀悼。因此，我们有理由相信，以曹丕的权势、地位和财富，他对故人遗孀弱子的怜悯应该不会只停留在词句上，而是会在现实生活中时常给予实质性的接济。

阮籍成年之后虽然不拘礼法，但始终是一个孝顺的人，对曹家也有深厚的感情，这可能就跟他早年的生活经历有很大的关系。

与后来放浪形骸的魏晋风流名士相比，以曹丕为中心的建安文学团体并没有做过十分惊世骇俗的事，但与同时代的儒家学者相比，他们可以说是当时的“行为艺术先锋”。比如，曹丕某次偕同友人祭拜亡友王粲，哀痛之余曹丕想到王粲生前喜欢听驴叫，于是提议大家在坟墓前“引颈作驴嘶”，以这种怪诞的行为祭奠亡者的在天之灵。

如果说儒家是华山“气宗”，那么建安七子就是旁逸斜出的“剑宗”，尽管二者在某些方面略有差异，但双方都出自同一个根脉。阮籍从小接受的是正统的儒家教育，在与父辈友人的接触中，虽然他也浸染了一些“剑宗”玩世不恭的气质，但总体来说，他还是一个很传统的“气宗”信徒，以建功立业为人生目标。

有一次，阮籍登临广武城，俯瞰项羽、刘邦曾经拔刀相见的古战场，非常自负地说：“时无英雄，使竖子成名！”这句话的言外之意是，假如当时有我，哪里轮得到你们出风头！

曹魏政权气势蒸蒸日上，阮籍天资出众、才华横溢，还是一名少年的时候就得到了一些当朝要臣的赞赏。自身条件和外部机缘如此之好，阮籍坚信自己是云中大鹏，不飞则已，一飞冲天，不鸣则已，一鸣惊人。然而，在广武城说下豪言壮语的时候，他还太过年轻，对未来的预想太过美好。他无论如何也想不到，仅仅传承了两代人，雄霸三国的曹魏政权，就出现了令人心惊胆战的末世气象，曹氏与司马氏开始了持续不断的朝堂纷争。在这末世气象里，他选择了置身事外。

然而，逃避从来都不是长久之计。司马氏占据上风后，对拒绝臣服于司马氏的人举起了屠刀。对于阮籍来说，青年时代积累的声望此时反而变成了累赘。如果仅仅是为了保全自己，他当然可以选择隐姓埋名，离开洛阳，遁入山林，但如此一来，灾祸必定会波及宗族。作为司马氏的重点拉拢对象，在司马氏“求贤若渴”的高压下，阮籍不得不低下了头。

洛阳，父辈们留下过足迹的地方，这里封存着曹家对阮家的温情，也曾经安放着阮籍对未来的期许，而今，这里却成了让他生死两难的“炼狱”。

阮籍认为自己既然不能隐姓埋名，那就只好“破罐破摔”了。

于是，“气宗”的世界被摧毁以后，阮籍自暴自弃，开始沿袭着“剑宗”的路子做一些放荡不羁的事。只是，他做的事要比先辈更荒诞一些。他常常狂饮大醉，终日酒不离手；他很欣赏总光顾的那家酒肆的老板娘，喝醉之后他时常在酒肆的地上倒头就睡。

具有“黑色幽默”意味的是，阮籍越是自暴自弃，效仿他的人就越来越多，他的名气也随之越来越大，司马氏也把他看得越来越紧。

以他为核心之一，中国历史上诞生了一个以狂放不羁而闻名的文人团体——竹林七贤；以竹林团体为核心，又渐渐诞生了另一个以狂放不羁而闻名的士人群体——魏晋名士。然而，这些人只是邯郸学步、画虎类犬，没有领会到阮籍的本心，只是学会了他那狂浪的皮毛，使他的深沉、哀痛在荒腔走板的“传承”中，沦落成了一场闹剧式的无聊狂欢。

表面上看，阮籍并不孤独，有竹林里的朋友，有不计其数的“传人”，但他与朋友算不上心心相印，“传人”更是背弃了他的初衷。天高地迥，山长水阔，茫茫世界中，他形影相吊，无路可走。

为排遣心中的郁闷，阮籍把毕生的抱负和才学都投入至诗文创作。

汉代之前，古诗以四言为主，直到建安文学兴起，五言诗才异军突起。在诗文创作这一点上，阮籍也继承了“剑宗”的风格，创作了大量五言诗。其中，由八十二首五言诗组成的诗中巨篇《咏怀》，历来备受古诗爱好者的推崇。

值得注意的是，《咏怀》当中与游仙有关的诗作竟占据大半篇幅。早在春秋战国时期，游仙诗就在文坛上拥有一席之地，仕途上不如意的文人墨客，总是喜欢在这种看似“仙气飘飘”的文体中抒发胸臆，或者赞美异世界的清净祥和，或者幻想与仙人遨游于九天之上。而在阮籍笔下，游仙诗却呈现出了一种寒意彻骨的面貌。

世务何缤纷，人道苦不遑。
壮年以时逝，朝露待太阳。
愿揽羲和辔，白日不移光。
天阶路殊绝，云汉邈无梁。
濯发旸谷滨，远游昆岳傍。
登彼列仙岨，采此秋兰芳。
时路乌足争，太极可翱翔。

诗词是现实世界和诗人自我境遇的一种映射，阮籍在诗句中表达了时光易逝而功业难建的蹉跎感。羲和是神话中的天神，传说他驾驭着六条龙为太阳神驾车。因为感觉到光阴如水，一去不回，所以阮籍希望能抓住羲和手中的缰绳，让时间停滞下来。可他又清清楚楚地知道，天阶无路，天河无桥，拦住太阳神的车驾只是一个遥不可及的梦，自己也只能做仙界里的一个游客。可即使身在仙界，他念念不忘的还是无路可走的现实世界。

西方有佳人，皎若白日光。

被服纤罗衣，左右佩双璜。

修容耀姿美，顺风振微芳。

登高眺所思，举袂向朝阳。

寄颜云霄闲，挥袖凌虚翔。

飘飖恍惚中，流眄顾我傍。

悦怿未交接，晤言用感伤。

这首诗描述了令人一见倾心的神女的美貌和气质，她的一举一动、一笑一颦都令人心驰神往。阮籍渴望得到神女的青睐，与她一同遨游仙界，像她那样吸风饮露，御风而行，凌波微步，不染纤尘；可神女如玉琢、如冰雕，根本没有注意到阮籍的存在，又或者，她知道有人倾心于她，但不愿看这凡夫俗子一眼。

昔有神仙士，乃处射山阿。

乘云御飞龙，嘘噏叽琼华。

可闻不可见，慷慨叹咨嗟。

自伤非俦类，愁苦来相加。

下学而上达，忽忽将如何。

这首诗中的神仙更冷漠，甚至连面也不曾露过，阮籍只是闻其名而不见其形。

东南有射山，汾水出其阳。

六龙服气舆，云盖覆天纲。

仙者四五人，逍遥晏兰房。

寝息一纯和，呼噏成露霜。

沐浴丹渊中，炤耀日月光。

岂安通灵台，游瀁去高翔。

如果说前面的诗中的仙界还有个仙界的样子，那么这首诗里的仙界就如同幽冷的鬼蜮。从表面上看，神仙们逍遥兰房，咀嚼琼华，沐浴丹渊，但他们毫无生气、如同死物，祥和中夹杂着一丝令人战栗的诡异。

现世已无路可走，仙境亦如此冷酷，拒人于千里之外。站在世界尽头，遥望冷酷仙境，阮籍神思恍惚，分不清自己究竟置身何处。现世使他绝望，仙境更令他心伤。在世界尽头与冷酷仙境的交汇处，他只能长哭当歌。

甘露五年（公元260年），魏帝曹髦被弑，玉碎九重，伏尸皇城。局势至此，改朝换代如箭在弦，迫于这样的局势，竹林叶落萧萧，一片沉寂，曾经徜徉其中的名士们纷纷选择向司马氏效忠。不久，司马氏的党羽集体劝进，逼迫阮籍撰写劝进表。阮籍终日酒不离手，希望借醉避开这一事，但他终究没能如愿。

某次，醉眼蒙眬中，笔墨纸砚被送到了面前，紧接着，阮籍被人搀扶着，哆哆嗦嗦的手握住了重若千斤的笔……从这一刻开始，阮籍的冷酷仙境遽然碎裂。

几个月后，嵇康目送飞鸿，手挥五弦，从容赴死。不知是已心如死灰，还是觉得心中有愧，看着昔日好友走上刑场时，阮籍始终一言不发。

又过了几个月，阮籍黯然离世。

四百多年后的滕王阁，“落霞与孤鹜齐飞，秋水共长天一色”，王勃写下了传诵千古的《滕王阁序》，其中有这样一句：阮籍猖狂，岂效穷途之哭！

那时候，王勃也还年轻。

山涛　不像名士的名士 | 落不予 / 绘

# 山涛

## 不像名士的名士

张岩 / 文

人物年代：　魏晋（三国、西晋时期）

人物小传：　山涛，字巨源，河内怀县（今河南武陟）人，魏晋时期名士、政治家，竹林七贤之一。山涛早年贫寒，因与阮籍、嵇康等人交游而声名鹊起。魏晋易代之际，他投靠司马氏，但依然与竹林名士保持着友好关系，嵇康临终时曾托孤于他。西晋建立后，山涛历任侍中、吏部尚书、太子少傅、左仆射等职，他为人谨慎，为官清廉，勤于任事，深受晋武帝司马炎的器重。公元 282 年，山涛老病辞官，次年去世，享年七十九岁。

个人成就：山涛在文学和书法方面颇有造诣，但他的成就集中在政务方面。魏晋易代之际，他没有参与朝堂纷争。司马氏掌权后，他开始辅佐司马氏，深受司马氏两代人的器重。山涛为官多年，始终保持着清廉的作风，选贤任能，屡屡匡扶时弊，为易代之后的政局稳定做出了巨大的贡献。与此同时，对早年间一同云游竹林的朋友，山涛也尽心尽力，他与嵇康的深厚友情尤其为人称道。

人物代表作：《为子淳尤辞召见表》《表谢久不摄职》《表乞骸骨》

# 山涛

## ——不像名士的名士——

世上有很多东西，我们看似耳熟能详，其实并没有太多了解。比如竹林七贤，大多数人或许只知道阮籍、嵇康，说到山涛难免会有些疑惑：山涛是谁？为什么他能列入竹林七贤？如此低调的人是如何修成名士的呢？

竹林七贤给人的印象是张扬、狂放不羁、惊世骇俗，山涛则是个十分内敛的人，出现在竹林中难免会显得格格不入。把他出入竹林的那一段岁月掰开，我们也没有发现他在那段时间内做过什么有违礼法的事。在一定程度上，山涛和王戎有些相似，他们都是对仕途很热衷的人。出仕后来成了王戎的负担，而山涛的隐士名声却没有因出仕而受到影响。对于山涛出仕，人们并没有觉得他“背弃”竹林有什么不妥，就好像竹林中从来没有这么一号人物。或许有人会问，这是不是因为山涛只是竹林中无关紧要的“陪客”？事实上，山涛曾经是竹林七贤的核心人物。

为什么核心人物会如此缺乏存在感呢？

山涛出生于公元 205 年，父亲曾是宛句县（今山东菏泽）县令，但英年早逝，没有留下什么可供史官渲染的事迹。由于父亲早逝，山涛早年间一直生活在贫寒中。尽管山家与司马家有亲戚关系，山涛也总是到司马家走动，但两家只是远亲，司马家并没有给过山涛什么实质性的帮助。

山涛喜欢读书，少年时代就时常与友人谈论国家大事，发表自己的见解。在山涛还是少年的时候，有一次他与司马懿的儿子们一起谈论国家大事，旁边的大人惊异地对司马懿说：“山涛这个孩子不一般，将来能跟你的孩子们一起做大事。”司马懿笑着说：“山家这种小门小户，能出什么人才？”

有人说，这是司马懿在以开玩笑的方式表达对山涛的欣赏，这种说法未必不成立；但反过来想，这何尝不是司马懿对山涛的一种揶揄呢？对司马懿那种处于高位的人来说，即使他真的对一个少年有这样轻视的看法，我们也不必感到惊讶。史官说，山涛的性格“介而不群”，用通俗一点的话来说，就是有些孤僻。山涛的孤僻也许是因为家境贫寒，心中自卑，也许是因为他在成长过程中遭遇过别人的白眼。

世上确有安贫乐道的人，但这样的人寥寥无几，大多数人还是期待日子能越过越富裕。在这一方面，山涛是真诚的，他从不掩饰对出仕的执着。有一次，山涛对着荆钗布裙的妻子说，现在的苦日子你忍一忍，以后我肯定能做一个很大的官。但紧接着，他又哀伤地说，唉，可是我不知道你能不能等到那一天到来。山涛的哀伤并不是没有来由的，在那个讲究出身的年代，贫寒的家境让山涛很难拿到通往成功的“船票”。

为了摆脱穷苦生活的折磨，人过而立之后，山涛选择了做一个隐士。表面上看起来，这与出仕是背道而驰的，但事实上，在当时的社会环境里，归隐反而是做官的终南捷径。归隐并不是真的与世隔绝，而是高调地隐入山林，从而“隐”出名气、“隐”出声望，从隐士变成名士，然后等待朝廷使者的登门拜访。

山涛没有选错路，但问题在于，他的“隐”高调不起来，即使是在隐士这个群体中，他也缺乏为自己造势的条件。有那么一段时间，他也想静下心来钻研名士们最为推崇的老庄学说，从中推敲出一些石破天惊的创见，使自己一举成名，但他不具备这方面的能力，把书都翻破了也未能从中找到什么被别人忽略的出奇的地方。

出仕的寻常之路走不通，反其道而行之的归隐之路也走不通，那该如何是好？在这样的纠结与无奈中，山涛凝神苦思，又想出了一个办法，那就是做隐士中的交游者，与隐士中最有名气的人交往，进而培养自己的名声。

于是，在山涛的多方走动和联络中，那个时代最为耀眼的“竹林隐士团体”诞生了。其中有出身显贵的人，如曹魏宗室的驸马嵇康；有隐士中的“超级巨星”，如阮籍；有出身名门望族的少年才俊，如王戎；有在老庄学说方面造诣精深的学者，如向秀……在这个团体中，年龄最大的山涛好像并没有什么优势，没有显赫的出身，没有众多的财产，也没有研究老庄学说的头脑，但他有一样东西是别人比不了的——居中调和的能力。

用现在的话来说，山涛很有“大哥范”。不过，他的这种“大哥范”不是咄咄逼人的处事风格，而是不显山不露水的低调做派。山涛温良、谦和、忍让、有气度，不抬高谁，也不贬低谁，不争也不抢，就像一个家庭里沉默却宽厚的老大哥，对弟弟们一视同仁。

有一回，阮籍和嵇康到山家过夜，山涛的妻子韩氏说：“你平时总说阮籍、嵇康是你的好友，可我从来没有见过他们，这一次让我见一见吧？”当夜，阮、嵇二位到达山家以后，韩氏终于看到了这两个人。第二天，友人走后，山涛问韩氏：“我和二友相比如何？”韩氏说：“你的学识和他们相比差很多，但你的气度比他们好不少。”对于这个回答，山涛颇为自得，说：“说得对，我也是这样认为的。”

说到这里，我们也就可以理解，为什么山涛作为竹林隐士团体的创建者之一却声名不彰了，因为他的作用是隐性的。事实上，即使在当时，组建了竹林隐士团体之后，山涛的名声也一直不怎么响亮，直到四十岁才被任命为河内郡的主簿、功曹、上计掾。

我们不用去探究这些官职的具体职能，只需要知道它们只是小小的地方官就可以了。然而，就是在这些微不足道的职位上，山涛第一次表现出了惊人的才能——极强的判断力。

公元 247 年，为了避开曹魏宗室的打压，司马懿以染病为名不再上朝。朝野上下许多人松了一口气，觉得持续多年的权臣之争终于落下了帷幕，但处江湖之远且只是一个小官的山涛却敏锐地察觉到，目前的平静只是暂时的，更大的“海啸”正在看不见的地方悄无声息地酝酿着。就在大家都觉得风平浪静的时候，他却迅速地离开官场，回到了竹林里。

山涛的判断十分精准。公元 249 年，高平陵之变上演，称病已久的司马懿忽然亮出打磨了两年多的獠牙利爪，从病榻上一跃而起，斩断了曹魏宗室的希望。

血雨腥风还没有消散，一道道挑在刀剑上的征召令就送到了竹林里。山涛预料到有这样的一天，也准备好接受征召，但让他意外的是，征召令中没有他的名字。

竹叶落了又生，生了又落，山涛的人悠闲地漫步在竹林中，心却焦急地眺望着风云变幻的洛阳城。可是，日复一日，直到司马懿过世（公元 251 年），他也没有等来期盼已久的征召，无奈之下，他决定走出竹林，去向司马氏求官。

此时，司马氏的当家人是司马懿的长子司马师，如果“强拉”亲戚关系的话，司马师是比山涛小四岁的远房表弟。见面后，司马师说的第一句话是：“当世的吕望是想做官吧！”

吕望是指姜太公。山涛年轻的时候应该说过自比姜太公之类的豪言壮语，否则司马师也不会这样讥讽他。可是，谁还没有过年轻气盛的时候？当年的司马师是盛气凌人的表弟，如今的司马师是颐指气使的主公，在当世无双的权贵面前，山涛无力为自己辩白，只能心酸地赔着笑脸。开过无聊的玩笑之后，作为对落魄表兄的施舍，司马师以朝廷的名义，让山涛去尚书台做了一个郎中。

王戎投效司马氏之后，某次重回竹林，老友看到他就厌恶地说："俗人又来败坏我们的兴致了。"对于山涛，竹林名士的态度则要宽容很多。担任郎中之后，山涛依然经常回到竹林，探访坚守在竹林的朋友们，大家对他的态度也一如既往。

说到竹林名士，很多人总以为他们是一群身无分文却苦中作乐之人，其实，他们中十有八九都是不缺钱的，真正穷困潦倒的就那么几个。山涛和王戎之所以出仕后，大家对他们二人的态度不同，主要原因有两个：一是对于山涛而言，做官不仅意味着谋得一个职位，更意味着生存，所以大家能够理解山涛的难处，而王戎出身豪门，并不缺少那一点儿俸禄；二是山涛比较仁厚，做官更多着眼于施展抱负，而王戎比较圆滑，在施展抱负方面的考量相对要少一些。

与山涛之前的官职相比，郎中算是个大官，但在"遍地都是官"的洛阳城，这可真算不上什么有分量的差事。然而，在山涛的一生中，郎中一职却成了他飞黄腾达的起点。

有的文人不善于从政，因为他们过于追求浪漫主义，缺乏处理政务所需的务实精神，就像在戎马一生的将军手里，《孙子兵法》是工具书，而有的文人却只是把它当成修身养性的读物，以为自己学到了兵法的精髓，上了战场却不能学以致用。在竹林里，山涛有些木讷，缺乏存在感，费尽心思也难以理解老庄学说那虚无缥缈的高妙；但在处理政务方面，他却有着得天独厚的天赋，真正找到了能让自己大放异彩的用武之地。担任郎中之后，凭借出色的政务处理能力，短短几年里，山涛的职位一升再升，连当初轻看他的司马师也对他刮目相看。

事实也证明，山涛热衷出仕只是为了施展抱负，能填饱肚子就够了，并没有想过靠做官敛财，因而他的官虽然越做越大，但他一直十分清廉。在司马师执政的岁月里，山涛唯一一次获得"大宗财产"——二十万钱和二百斛谷子——还是司马师看他家境太寒酸赏给他的。

山涛在仕途上实现抱负的时候，竹林故人的处境却日益艰难。如今的局势已经很明朗，气息奄奄的曹氏绝没有重整旗鼓的可能，即将成为江山新主的司马氏无法再容忍竹林中人大唱反调，特别是桀骜不驯的嵇康。作为司马氏的心腹，山涛当然知道主公的心思。为了保护嵇康，山涛趁着一次升迁的机会，请求主公开恩，容许由嵇康接替自己的旧职。出于对嵇康的赏识和拉拢人心的需要，司马氏同意了。然而，诏令送到竹林之后，嵇康却坚定地拒绝了，他还给山涛写了一份绝交信，即《与山巨源绝交书》。

这封信很奇怪，与其说它是绝交书，不如说它是对司马氏的宣战书，其中固然有对山涛的挖苦，但嵇康用三言两语就带过了，而且，这些挖苦之辞与其说是写给山涛的，不如说是写给司马氏看的。和山涛举荐嵇康是为了保护老朋友一样，嵇康公然宣布与山涛绝交，也是出于同样的心理：嵇康不想让自己与司马氏的冲突影响到山涛的仕途。

不久，嵇康因受诬陷被处死，临死前夕，山涛带着一个九岁的孩子来到了大牢里。这个孩子叫嵇绍，是嵇康的儿子。在大牢摇曳不定的火把光下，嵇康拉起嵇绍的手，放在山涛的掌心，沉痛地说："有你山伯伯在，往后你在这世上就不会孤苦。"

患难见真情。嵇康有骨肉同胞，也不乏朋友，但在即将走上断头台的时候，嵇康认为不久前才绝交的山涛，才是这个世界上最可靠的人，就连向来与他形影不离的阮籍，也不是他属意的托孤人选。嵇康离世后，山涛也没有辜负嵇康的嘱托，在余生里，他一直对亡友的儿子视如己出，尽心尽力。

公元 283 年，当山涛以七十九岁的高龄去世时，曾经名士云集的竹林已经成为荒芜之地，曾经璀璨无双的嵇康也已经在地下沉睡了整整二十年。在生命中最后的二十年里，山涛在仕途上一帆风顺，最终位列三公之一，实现了当年落魄时对妻子许下的诺言。这二十年里，他还有许多故事，但基本上都与做官有关，比如他多么谨慎、多么清廉、多么有才能，这些故事千篇一律，不提也罢。后世的人们似乎只是把他看作一位官员，而忘记了当年他也曾经是竹林中的常客。

最后，我们来对山涛的一生做一个简单的小结吧。

山涛的一生很平淡，没有一波三折的故事。他的性格也比较平和，不像嵇康那样刚烈果决，不像阮籍那样易于消沉，不像王戎那样失之圆滑，也不像阮咸那样放浪形骸……山涛生得悄无声息，死得平平静静，更像是一个在红尘俗世中艰难行进的普通人，烟火气更重一些，但正是因为这份烟火气，他反而具有一种平易近人的魅力，不像其他的风流名士那样，让人感觉他们离现实很遥远，只能远观而不可触碰。

那个时代的风流名士们提倡坚守本心，但大多数人都做不到这一点，活得很纠结，即便是像阮籍这样的名士，最终也被迫向权贵低下了高傲的头颅。谁能守得住本心呢？在竹林名士中，只有两个人——嵇康和山涛。从一开始，他们就知道自己的终点在何处，同样也都能坦然无畏、坚定不移地一路走下去。或许，这就是嵇康在临终时托孤于山涛的原因，真名士自风流，何必拘泥于竹林或者官场呢？自然，我们也可以说，看起来最不像名士的山涛，反而是最能与嵇康并驾齐驱的名士。在大牢里诀别的那一天，他们已经肯定了彼此的风流。

# 向秀

## 未完成的《庄子注》

张岩 / 文

人物年代：魏晋（三国时期）

人物小传：向秀，字子期，河内怀县（今河南武陟）人，竹林七贤之一。向秀性格恬淡，喜好老庄学说，对仕途没有兴趣，早年间与嵇康、阮籍等人同游竹林，与嵇康交好。公元 263 年，嵇康死后，竹林名士风流云散，向秀被迫入仕，为司马氏效力，之后官拜散骑侍郎，转黄门侍郎、散骑常侍，约于公元 272 年去世。

个人成就：向秀喜谈老庄之学，对《庄子》有很深的研究，曾为《庄子》做注，令嵇康大为惊叹。虽然向秀未能完成《庄子注》就去世了，但他遗留下来的残篇作为解释《庄子》的权威之作影响深远。

人物代表作：《庄子注》《思旧赋》《难嵇叔夜养生论》

# 向秀

——未完成的《庄子注》——

向秀和山涛是同乡，很早就认识，但向秀在研究老庄学说这一方面很有天赋，比山涛出名早，还是个少年的时候就已经名声在外了。后来，山涛在求仕之路中几经坎坷，为了寻求别的入仕之法，山涛聚集了一些名士，组成“竹林隐士团体”，希望能借此步入仕途。向秀与山涛的交情颇深，且研究老庄学说的才能无人能比，加入这个团体便是理所应当。

此时的向秀很年轻，人如其名，清秀内敛，对做官没兴趣，对财富不动心，寡言少语，不酗酒，不做骇人听闻的事。他唯一的兴趣就是读书，自由自在地徜徉在老庄虚构的恣意的世界里。在这片看似平静实则暗流涌动的竹林里，他就像一个从古画里走出来的书生，安安静静，不染纤尘。

与嵇康交往不久，向秀便说要为《庄子》做注。嵇康名扬天下，是研究老庄学说的行家，听了向秀的话却也非常惊讶。嵇康说，给《庄子》做注的人太多了，但没有一个人能做好，还把《庄子》涂抹得乱七八糟，如果你也注不好的话，还不如不注。向秀羞涩而坚定地说：“我试试吧。”等到他把初稿拿给嵇康看的时候，嵇康不由地赞叹，因为他做的注太好了。好到了什么程度呢？就好像是庄子本人给《庄子》做的注。

还有一回，嵇康写了一篇《养生论》，名士们纷纷拍手叫好，向秀却持反对意见，为此写了一篇《难嵇叔夜养生论》作为反驳。嵇康看了以后表示很佩服，但并不赞同向秀的观点，紧跟着又回了一篇《答向子期难养生论》。辩驳虽然针锋相对，但两人始终没有因为观点不同而失去和气，彼此都对对方十分欣赏。竹林名士当中，也属嵇康与向秀的关系最好。

后来，随着局势的紧张，朝廷里的险恶风潮波及了竹林，为了保命，大多数人都选择回到了朝堂上，一向文弱的向秀却留在了嵇康身边。无数次，在那棵具有传奇色彩的大柳树下，宛如玉山将倾的嵇康挥锤锻剑，悄然无言，向秀一声不吭，只是默默打着下手，明明灭灭的铁花似乎就是他们交流的语言。

就是在这样的沉默中，向秀见到了竹林里最为惨烈的一幕。

一个令人不安的午后，权臣钟会出现在了大柳树下。钟会其实也是嵇康的崇拜者。几年前，钟会还不是权臣时，他曾把自己对老庄的一些见解抄录下来，战战兢兢地来到竹林中，想请嵇康指点一番，但在见面以前，他忽然觉得自己写的东西很没有水平，怕在嵇康面前丢脸，于是转身走了。这一次，他仗着权势，鼓起勇气，再次踏进竹林，希望能与嵇康近距离交流。奈何嵇康清高而刚烈，露面之后一个字都没说，依然像往日那样，默默挥锤锻剑，向秀也如同往昔，默默打下手。钟会默默地在一边看着，嵇康和向秀锻了一下午的剑，他就在一边看了一下午。

在四处迸溅的铁花里，钟会的脸色渐渐阴冷了下来，如同淬水后变色的剑。这时候，嵇康开口了："你来这里听到了什么？看到了什么？"钟会冷冷地说："听到了我听到的，看到了我看到的。"

两人的对话云山雾罩，但核心意思彼此心知肚明——你我并非同类，不必有交集。

不久，嵇康被当街斩首。随着炉火的熄灭，宝剑蒙上了灰尘，向秀倒吸了一口凉气，依依不舍地走出竹林，接受了司马氏的征召，为竹林时代画上了哀伤的句号。

从位于山阳县郊外的竹林到洛阳，需要南渡黄河，然而，渡过黄河之后，洛阳遥遥在望时，悲痛不已的向秀忽然中途折返，又渡河北上，去了一趟嵇康的老家。时值冬季，嵇康的故居在寒风中显得更加冷清。正当向秀在寒风中默默凭吊故人时，附近不知是谁吹响了횮笛，其声悲婉哀切，如泣如诉。

在这一瞬间，古与今、远与近、生者与逝者、回忆与现实，在向秀心中缠绕成了一个难解的结。就着哀婉的笛声，他穿过斑斑驳驳的深巷，恍如听到抒发国破之悲的古曲《黍离》飘荡在周朝的尘埃里，抒发家亡之痛的古曲《麦秀》游荡在商朝的废墟上。他似乎看到了秦朝的宰相李斯站在刑场上，黄犬站在他脚边哀号，又似乎看到嵇康面目如生，正在飘飘扬扬的细雪中弹琴……他还想了很多很多，就在情绪快要到达临界点的时候，他写下了千古名篇《思旧赋》。今天我们在读《思旧赋》的时候，仍能感受到向秀怀念亡友的刻骨哀伤和对黑暗现实难以言明的悲愤。

之后，向秀再次南渡黄河，来到熙熙攘攘的洛阳城，向司马昭低下了头。这是一个令人心痛的瞬间，因为从这一刻开始，向秀变了，从曾经纤尘不染的书生变成了膝盖落地的逢迎者，就像是炉火早已经熄灭的竹林里，那蒙上了灰尘的宝剑。

司马昭得意地问："你不是自称有隐士巢父、许由那样的志向吗？怎么今天反而来见我了呢？"向秀答道："巢父、许由那样的人太狷狂，不理解贤明的尧帝求贤若渴的苦心，那样的隐居生活没有什么可羡慕的。”

事实上，这是违心话。向秀并不认同司马氏，但为了能够活下来，他必须要说言不由衷的话。

直到后来去世，向秀在朝廷里做了八年官，基本上都是虚职，属于比较容易应付的差事。但向秀过得并不轻松，在这八年里，他一直活在对嵇康、对竹林老友的怀念里，直到临终时，那本许多年前就写出初稿的《庄子注》仍没有完成。这是一件很反常的事，因为《庄子注》只是一本小册子，并不是什么大著作，以向秀的才情，完成这个作品的进度不应该如此缓慢。或许，是因为竹林时代结束之后，他失去了完成《庄子注》的心情；也可能他是故意如此，想用这本没有结尾的小册子，作为怀念那片竹林的寄托。

不管怎么说，向秀本不应该出现在竹林中，他应该在一个被世界遗忘的角落，以一种被人遗忘的方式，度过被人遗忘的一生。这样的生活虽然过于平静，但符合他与世无争的恬淡性格，那样他会过得更舒心、更惬意。

# 刘伶

醉卧竹林君莫笑

张岩 / 文

人物年代：　魏晋（三国、西晋时期）

人物小传：　刘伶，字伯伦，沛国（今安徽宿州）人，竹林七贤之一。七贤当中，刘伶的出身最低；他身材矮小，容貌不佳，一生嗜酒如命，狂放不羁，世人称其为“醉侯”。刘伶喜好老庄学说，信奉自由逍遥，一生仅有过一次出仕经历，即在王戎的幕府里做参军，但任职不久就因为无所作为被免职。公元266年，朝廷再次征召刘伶做官，刘伶拒绝，之后下落不明，无人知其生于何时，也无人知其卒于何年。

个人成就：刘伶热衷老庄学说，生性幽默，不拘礼法，嗜酒如命，在一定程度上塑造了中国奇特的酒文化。竹林名士虽然大多放浪形骸，但刘伶的所作所为却到了惊世骇俗的地步。刘伶在政治上无所作为，但他对自由和独立的狂热追求，以及对现实的无声反抗，对后世的文人产生了很大的影响。刘伶的传世作品很少，但他的文风自然、俏皮、轻灵，具有鲜明的个人特征。

人物代表作：《酒德颂》《北芒客舍》

# 刘伶

—— 醉卧竹林君莫笑 ——

在魏晋那个看重“颜值”的年代，很多名士都有着不凡的外表，如嵇康被人形容为“玉山倾倒”，阮籍被人形容为“容貌瑰杰”。但偏偏有一位名士，其貌不扬，却也位列竹林七贤，他是怎么成为名士的呢？

某天，阮籍与嵇康并肩前往竹林，途中偶遇一个醉汉，他身材矮小，容貌不佳，踉踉跄跄，像一个随时都会散落一地的泥人，但他的醺醺醉态中，有一种很特别的气质。这种气质掺杂在扑鼻而来的酒气中，很难用言语说明，好像他目空一切，又好像他目中连“一切”都没有，旁若无人。总之，阮籍和嵇康被这种特别的气质打动了，邀请这个醉汉一起前往竹林，醉汉也没有推辞。于是，三个人有说有笑，渐渐消失在了竹林深处……

这段故事看起来缺乏逻辑，有些无厘头，但我们不要忘了，这一幕发生在魏晋年间，以阮籍、嵇康行事出人意料的做派，他们做出这样的事情并不奇怪，何况，他们遇到的这个醉汉，恰好也是一个怪人。

哦，对了，忘了说这个醉汉的名字。他叫刘伶。

刘伶的父亲在曹操手下做过大官，但很早就去世了。这就是我们所能知道的有关刘伶出身的全部内容。

在那个年代，酒是一种比较珍贵的饮品，不是谁都能负担得起高昂的酒钱的。刘伶嗜酒如命，常年无所事事，抱着酒坛子不放手，这说明他的家境还可以，至少可以维持温饱。

阮籍、嵇康提倡超然物外，不为红尘俗世所拘。与他们相遇之前，刘伶早就开始这样做了，三个人的邂逅虽然纯属意外，但他们一见如故，一同走入竹林也就顺理成章。可想而知，进入竹林之前，刘伶没少做过让人“惊掉下巴”的事，只是不为人知而已；走入竹林以后，他所做的“荒唐事”才渐渐地在风流名士们的传扬中，变成大众的谈资。

当时有一种车叫鹿车，刘伶常常带着酒坛子、乘坐鹿车出游，后面跟着几个仆人，扛着锄头。去哪里呢？刘伶不说，信马由缰，鹿想去哪里就去哪里，他只是告诉仆人，要是我喝酒喝死了，死在哪里，你们就把我埋在哪里。

古人夸奖自己或者他人有男子气概时，常常用一个词——七尺男儿，可见，七尺在古代应该是男性的平均身高。两晋南北朝年间的一尺比现在的一尺短一些，换算成现在的计量单位，那时候的七尺在一米六到一米七之间。刘伶身高六尺，可能还不到一米五。

有一次，刘伶喝醉了，跟别人发生了冲突，那人一把抓住刘伶的衣领子就要打他，只见刘伶拍了拍自己的小身板说：“你看我瘦骨嶙峋，只怕不能让老兄你的拳头满意。”那人被刘伶逗得哈哈大笑，一肚子火气马上消失得无影无踪。

在刘伶的生活中，酒不但是宣泄嬉笑怒骂的工具，也承担着水的功能。也就是说，对刘伶而言，酒能解渴，跟水没什么区别。

为了规劝丈夫戒酒，刘伶的妻子把家里酿酒和储酒的器具都毁了，哭着对丈夫说："你喝酒喝得太多了，迟早会喝出病来，你不想多活几年吗？以后把酒戒了吧！"刘伶说："这是个好主意，但戒酒是件大事，我得告诉鬼神，你去备些酒肉，我好向鬼神祷告。"妻子将酒肉备好后，刘伶在神案前跪下，郑重地说："天怜我刘伶，酒是我的命，一饮即一斛，五斗消百病，妇人妄言之，鬼神切勿听。"说完，他抱起要敬献给鬼神的美酒，又是一顿狂饮。闹了大半天，祭祀鬼神只是刘伶的借口，他其实是变着法子从妻子手里骗酒喝。

刘伶看上去挺风趣，放到现在，当个搞笑艺人或许不成问题。但事实上，刘伶很内向，一般情况下不爱说话，即使在竹林中与那一干风流名士相处的时候，他也像个观众，别人兴致勃勃地谈论老庄学说，他只是坐在一旁默默地喝酒，很少插话。他就像山水画中，被画家安置在不起眼处的一块奇石，多它不多，少了它却让人感觉差了意境。

不过，我们可别以为刘伶是胸无点墨的白丁，他其实精通老庄学说，只是他懒得说而已。刘伶曾写过一篇名为《酒德颂》的小短文，奇幻色彩力透纸背，深得庄子精髓。

在这篇小短文中，他虚构了一个叫大人先生的奇人。盘古开天辟地以来的历史对大人先生来说只是一个朝代的变更，一万年的光阴在他眼里只是一瞬，苍穹是他的房子，日月是他的窗户，大地是他的院子。这位大人先生成天无所事事，只知道喝酒。"正派人士"看不惯他，纷纷来指责他的不是，个个吹胡子瞪眼，咬牙切齿，可大人先生早就喝醉了，正在呼呼大睡。等他醒过来俯身一看，天地间的山川河流在他眼里只有一颗小石子、一滴水那么大，那些指责他的"正派人士"则如同蝼蚁一般。

过了几年，竹林里弥漫起了血雨腥风，有的人死了，有的人降了，有的人成了行尸走肉。竹林沉寂下来以后，刘伶喝了一些酒，也起身走了，走得自然而随意，就像多年前他来到这里的时候那样。阮籍、嵇康当初遁入竹林有避祸的目的，但刘伶没有这方面的考虑，他更洒脱一些。经常出入竹林，只是因为他觉得这里清净，是个喝酒的好地方。他是竹林里的常客，但也是个过客。

几年后，王戎出于对老朋友的关心，在府衙里给他谋了个差事，但他对工作不上心，在这个职位上待了几年，终因无作为被免了职。

回乡途中，路过北邙山（今邙山）时，他在山脚下的一个客栈里借住了一宿。长夜里月色昏暗，天寒地冻，万物影影绰绰，恍若鬼影，可能是因为太冷，也可能是因为惊恐，打鸣的雄鸡也睡不着，前半夜就叫了好几次。在这漫长的寒夜里，刘伶的神思有些恍惚，有那么一会儿，他竟然分不清现在究竟是什么季节，一会儿觉得是夏天，一会儿又觉得是冬天。为了让心神安定下来，他喝了一些酒，但奇怪的是，这一回美酒并没有平息他内心的波澜，反而让他有些惆怅。长夜漫漫，该如何熬到天明呢？月到中天时分，不知道从哪里传来了悠扬的笛声，直到此时，他的心情才渐渐平静下来，在半醉半醒间迎来了东方的鱼肚白。

又过了几年，不知道因为什么，朝廷改变主意，打算起用刘伶，但刘伶心意已决，说什么也不肯再做官。听闻朝廷的使者已经到了村口，刘伶赶快灌了一肚子酒，然后脱光衣服、赤裸裸地跑到了使者面前。根据使者的描述，朝廷觉得刘伶已经疯了，此后再也没有动过让他出仕的念头。

三十多年后，刘伶死了，这是人们听到的关于他的最后消息，但没有人能说清楚他具体死于哪一年、哪一月。

刘伶生年不详，卒年不详。这倒也挺符合他的生死观，就像他以前经常对仆人说的那样——死在哪里，就埋在哪里。不过他那些惊世骇俗的“行为艺术”，被广为流传，成就了他的名士之名。

Ribbon_韩洛/绘

阮咸 竹叶下的光与影

# 阮咸

## 竹叶下的光与影

张岩 / 文

人物年代：魏晋（西晋时期）

人物小传：阮咸，陈留尉氏（今河南开封）人，魏晋名士、文学家、竹林七贤之一，阮籍之侄，与阮籍并称“大小阮”。阮咸性格狂放，嗜酒如命，虽有音乐才能，但无为官能力，早年间在山涛的举荐下出仕，因无实际作为而未能得到晋武帝的认可。数年后，因为在音乐问题上与荀勖发生冲突，阮咸遭到荀勖陷害，被贬为始平太守，在此职位上终老，卒年不详。

个人成就：竹林七贤中，阮咸的知名度比较低，也最容易被忽视。阮咸在老庄学说和文学方面的造诣比较低，成就主要集中在音乐方面。他精通音律，善于弹奏琵琶，被时人誉为“妙达八音”“神解”，“阮咸”这种乐器就是因他而得名。为司马氏效力期间，阮咸曾经创制十二支奇特的笛子，用来调整乐律，规范雅乐；朝廷每年举行元旦大朝会时，也都是由他亲自调整五音，使音韵和谐、雅致。

人物代表作：《律议》《与姑书》

# 阮咸

——竹叶下的光与影——

天底下的孩子可以分为两类：一类是爱学习的，另一类是不爱学习的。

阮咸很聪明，但是不爱学习，属于第二类。通常来说，只要家长费点儿心，这类孩子的发展潜力是很大的。不巧的是，阮咸身边缺少为他费心的家长，他的父亲似乎很早就去世了，母亲也没有什么文化，所以，教导他的责任就落到了他的叔叔阮籍身上。

在当时的人眼里，阮籍不算是一个好家长，成天无所事事，游手好闲，放浪不羁。但在阮咸看来，率性而为的叔叔简直就是他最为理想的人生楷模。阮咸还是个孩子的时候，就经常跟着阮籍出入竹林，与那些惊世骇俗的风流名士待在一起。许多人为此议论纷纷，说这叔侄俩没大没小，缺乏人伦观念，但阮籍并不觉得这有什么不对，阮咸更觉得这很平常。

就这样，阮咸跟着“奇怪”的叔叔，在一个“奇怪”的环境里长大了。

陈留阮家是个人丁兴旺的名门大族，但族人内部不怎么团结，大富大贵的人家住在北边，家境一般的住在南边，两伙人中间隔着一条街。

在每年的乞巧节，人们都会把家里的衣服拿出来晒一晒。此时正好是夏秋之交，夏天的衣服晒干了就可以打包收起来，压了一年箱底的秋装晒干了也就快派上用场了。北阮有钱的人多，晒衣服的时候喜欢炫耀，绫罗绸缎都拿出来，高高挂起，迎风招展，红的、黄的、绿的、蓝的、紫的……像开了个大染坊，极富视觉冲击力。与之相比，南阮就显得很寒酸，零零落落的几根晾衣竿，稀稀拉拉的几件衣服，点点片片地散落在陈旧的房屋之间。就好像北阮的夏天还没有结束，南阮就先迎来了秋天。

即使是在南阮，阮咸的家境也很一般，但他却很幽默，每年的乞巧节，他都会把自己那几条大短裤高高挑起，毫不在乎自己家不富裕的现实。北阮固然觉得阮咸行径荒悖，南阮也觉得他这样做太丢脸，于是有人问他：“你这是做什么？”阮咸说：“家家户户不都晒衣服吗？我也把我的衣服拿出来晒一晒。”

虽然日子不宽裕，但阮咸绝不小气。有一次，他得了一桶好酒，兴致勃勃地邀来左邻右舍，与大家一起品尝。就在大家没注意的时候，几头猪悄悄跑到酒桶边先过了一把瘾。大家一看，不由得兴致索然，完了，一桶好酒就这么废了。可阮咸并不觉得有什么，不管是人还是猪，不都是一张嘴吗？把猪赶走以后，他用漏勺撇去漂浮在酒上的脏东西，招呼大家围过来继续喝酒。不知道别人能不能喝得下去，反正阮咸喝得挺惬意的。

后来，以讹传讹，很多人煞有介事地说，阮咸这个人很过分啊，竟然跟猪一起喝酒。阮咸知道这些传言，但他并不在乎。

阮咸是个音乐天才，天生对声音很敏感。在他的耳朵里，天地间所有的声音似乎都蕴含着独特的韵律，据说乐器“阮咸”就是因他而得名。当时有个叫荀勖的大官也精通音律，给朝廷创作过专供重大典礼使用的雅乐，得到了无数人的称赞，但阮咸认为荀勖创作的雅乐有问题，不够中正，有欠平和，整体音调偏高，略微刺耳，像亡国之音。听到阮咸的评价之后，荀勖很不高兴，跟阮咸辩论了好几次，但都不是阮咸的对手，于是他提交了一封奏折，把阮咸从朝廷里赶了出去，落得个耳根清净。好在阮咸本来就对做官缺乏兴趣，没有因为这件事受到太大的打击。

多年以后，一个农夫耕地时，从土里刨出了一把奇怪的尺子，经鉴定，这把尺子制作于周朝，专门用来校正庙堂雅乐。得知这个消息后，荀勖赶快派人将尺子取来，核校了一下自己创作的雅乐，发现果然如阮咸所说。

荀勖是个大官，犯不上为此事向阮咸道歉，退一步说，即使荀勖想道歉，这时候也晚了，因为阮咸早就去世了。跟刘伶一样，阮咸生年不详，卒年不详。但总之，在荀勖知道自己错了的时候，阮咸已经不在人世了。

阮咸的一生就像一束穿过竹林里层层叶片的光，断断续续，只有几个片段烁人眼目。

他在竹林隐士团体中的分量究竟如何，他那惊世骇俗的行为对解放人性有什么意义，他在魏晋文化思想史上的地位如何……讨论这些问题固然有一定的价值，但我们觉得，仅仅把他看成一个普通人的话，这些问题并不重要。

我们只是觉得他可怜，让人心酸。

# 王戎

## 竹林中的罗生门

张岩 / 文

人物年代：　魏晋（三国、西晋时期）

人物小传：　王戎，字濬冲，琅邪临沂（今山东临沂）人，西晋时期名士、官员，竹林七贤之一。王戎出身于当时的高门士族琅邪王家，童年时代便因才气逼人而为人称道。青年时代，王戎优游竹林，虽名列七贤之一，却因为过于追求名利而遭人鄙视。魏晋易代之后，王戎为司马氏效力，因参与晋灭吴之战获封安丰县侯，之后又历任侍中、光禄勋、吏部尚书、太子太傅、中书令、左仆射等职务。西晋末年，八王之乱爆发后，晋惠帝被掳掠到长安，王戎逃奔至郏县（今河南中部），公元305年去世，时年七十二。

个人成就：王戎一生在政治上有所成就，但没有作品传世。在大多数时间里，王戎都在为功名富贵而奔走，但他的生命具有多重色彩，似乎是在用庸俗面目来掩饰生命的本真，因而偶尔也会爆发出一些光辉夺目的瞬间。从这个意义上来说，无论是在七贤当中，还是在整个魏晋年间，他都是个别具一格的人物。

# 王戎

## —— 竹林中的罗生门 ——

在竹林七贤中，王戎无疑是个异类。与竹林七贤中大多名士崇尚清静无为不同，王戎以贪财和吝啬流传于世。这么一个看上去与隐士格格不入的家伙，是如何跻身竹林七贤之列的呢？

日本著名作家芥川龙之介写过一篇小说——《竹林中》，后来，黑泽明把它改编成了一部大名鼎鼎的电影《罗生门》。电影说的是在竹林中发生了一宗命案，一个武士被杀，官府审案时，发现目击证人的说法各不相同，就连武士的亡魂也出于某种目的，隐藏了一部分真相。

从本质上来说，王戎不像许多人认为的那样不堪，但生活在一个特殊的时代，他硬是把自己的本真藏了起来，活出了俗不可耐的模样。王戎“入戏”太深了，与他有过接触的人往往只看到了他世俗的一面，就连他自己也变成了不敢正视自己的“武士亡魂”。不过，我们没有那么多的顾虑和羁绊，倒是可以像看电影的观众那样，去试着窥探一下王戎的本真。

王戎小时候是个很漂亮的孩子，像个精雕细刻的娃娃，一双眼睛黑亮而有神。有一次，他跟随父亲入宫，到宣武场观看马戏，一头装在笼子里的猛兽被抬上场后，引颈嘶吼，声如雷霆海啸，观众大惊，王戎却镇定自如，纹丝不动。在台阁上观看马戏的曹叡见状大为惊异，对侍从说王戎是个“神童”。

六七岁的时候，王戎某次和小伙伴在路边玩耍，路边长着一棵结满了果实的李子树，孩子们争先恐后地去摘，王戎却在一边远远地看着。大人觉得好奇，问他为什么不去摘果子，他说，树长在路边，树上的果子还这么多，那果子肯定是苦的，不然早就被摘光了。别的孩子一尝，发现果真是苦的。

这是一种高明的观察能力，对成年人而言，这样的能力也是罕见的，但更加令人称奇的是王戎那聪慧的心性。还是少年的时候，王戎就对上层社会流行的智力游戏——清谈有非凡的见解，就连在这一方面的造诣非常高的阮籍也对他赞赏有加。阮籍经常到王家做客，便常与这个比自己小二十四岁的孩子进行思想上的交流。

阮籍是当时的名士，他的赞赏是无数人梦寐以求的，更何况此时的王戎还只是个稚龄童子。因此，毫不意外，王戎出名了，在阮籍的带领下，王戎小小年纪就成了竹林中的常客，与那个时代最为耀眼的巨星们平起平坐。如果在一个清平的年代，这样的人生开端应该能够让王戎走出一条宽广的人生大道，可惜在王戎所处的年代，朝堂上充满了纷争。

公元249年，司马氏发动高平陵之变，这一年，王戎十六岁。如果说在人生的前十几年里，他的本真还是清晰可辨的，那么，在高平陵之变发生后，他就慢慢地走到了竹林中的罗生门下，使人难以窥见他的本真。

随着形势的剧变，竹林很快变成了朝廷的眼中钉，只有少数人还在竹林中做最后的坚持。王戎此前虽为竹林常客，但他享受的只是参与清谈的乐趣，并不是想当一辈子隐士。发生政变时，他的人生才刚刚开始，正处于希望在未来能有一番作为的阶段，所以，他选择与司马氏合作。

王戎的所作所为在竹林中引起了一些不满。有一次，他到竹林访问故友，碰巧大家正坐在一起讨论哲学问题，见他出现，有的人立刻扫兴地说：“你一来，我们的兴致就都没了。”对于这个很不友善的讽刺，王戎淡淡地答道：“如果因为我的到来，你们的兴致就没了，说明你们的兴致也不怎么样。”

王戎出身于海内闻名的琅邪王家，早年间又有阮籍的提携，形势发生巨变时，他却选择了与司马氏合作。那么，为了能在仕途上飞黄腾达，正常情况下，王戎应该与竹林中那些坚持者分道扬镳才是，又何必在形势最为诡谲的时候，还涉足林中，自讨没趣呢？

也许，王戎有他自己的无奈，毕竟在竹林里，他度过了生命中最为美好的少年时光，他对还坚守在这里的老朋友是有感情的，只是他想要的东西太多了，不得不离去。有的东西，竹林里的朋友可以给他，比如友情，但有的东西是竹林中人给不了的，比如名利。

王戎虽然选择了与司马氏合作，但他一直是一个谨慎的旁观者，并不愿意为名利而丧失自我。就像当年小伙伴们争先恐后地奔向李子树时一样，局势不明时，他只是远远地站在一边。

我们需要注意到这样一个事实：此时的王戎还年轻，未来的路还很长，有大把的时间，他想等下去，等一个清平的年代。

这一等，就是十七年。公元 266 年，西晋建国。出乎王戎意料的是，纷扰的局势不仅没有因为新政权的建立而稳定下来，甚至比以前更加混乱。新朝太子司马衷（就是问大臣们“何不食肉糜”的那位）无能，许多大臣主张废黜太子，改立晋武帝司马炎的弟弟司马攸为皇储；也有一部分大臣在司马衷身后摇旗呐喊，坚决抵制废黜太子。

很显然，这样的环境，并不符合王戎对清平年代的畅想。

已经等待了十七年，再等几年又有什么关系呢？从公元 266 年到公元 280 年，王戎依然保持沉默。朝堂上纷争最为激烈的时候，他离开了京城，被派驻荆州担任刺史。史书里没有说王戎是主动的还是被动的，但从他的性格来看，他很可能是主动请求外派。

此时，只有江东的孙吴政权还在负隅抵抗，荆州地处两国交锋的地界，管理的难度比较大。客观地说，王戎是一个很有才能的人，做荆州刺史做得很合格，在他管理的那几年里，荆州的秩序很稳定。

公元 279 年，长江上征帆浩荡，金鼓齐鸣，晋武帝率二十余万军队发动了声势浩大的南下战役，一举消灭了盘踞江东半个多世纪的孙吴政权，结束了汉末三国以来的分裂局面。作为重要的地方大员，王戎也参与了这次终结乱世的大决战，并立下了战功。

战后，王戎重回京城，不久，因为司马攸的突然离世，长达十几年的立储之争也落下了帷幕。外患已平，内讧已休，一切似乎都在变好，但在这风平浪静的表象下，暗流依然涌动不止。

回京不久，王戎遭到了一次猛烈的弹劾。事情的起因是一个官员为了谋求仕途上的荣升，给王戎送了几匹细布（当时的币制比较混乱，布匹往往充当着货币的功能）。琅邪王家家业丰厚，王戎本人也比较清廉，所以，他没有收取这笔贿赂，为了不让送礼的人难堪，退礼时他还特意回了一份感谢信。几天后，监察部门提交了一份弹劾报告，请朝廷重罚王戎。问题的关键是，王戎并没有收取贿赂，所以这次弹劾在我们看来有点无理取闹。

这次弹劾风波的动静很大，晋武帝司马炎不得不亲自出面为王戎辩护。在一次朝会上，司马炎说："你们遇到行贿之事，如果不肯受贿，不都会悄悄地退回给行贿之人吗？王戎的所作所为怎么能算得上是受贿呢？他只是想让自己看起来跟你们不一样而已。"

王戎是个谨慎的人，发生这么大的事，当然会从中汲取一些经验教训，因此他的性格也决定了他很难做一个与世俗抗争的斗士。为了等待所谓的好时机，他从十六岁等到三十三岁，又从三十三岁等到年近半百，弹指一挥，王戎三十多年的人生匆匆而过，人的一生能有几个三十多年呢？因此，他已然明了，好时机从来都不存在，它只是自己一厢情愿的幻想而已。在弹劾风波中，王戎得出的教训是，以后应该让自己看起来和别人一样，不能再特立独行。

从此，王戎变了，变成了我们熟悉的王戎——贪财、吝啬。

《世说新语·俭啬》中一共收录了九个与吝啬有关的故事，王戎独占其四：侄子结婚，他只送了一件单衣，过了几天又屡屡写信，让侄子把单衣还回来；王家家资颇丰，富甲京城，他却不知足，每天晚上在灯下以数钱为乐；女儿出嫁，亲家向他借了一些钱，女儿每次回娘家，他总是甩脸色给女儿看，直到亲家还了钱，他对女儿的态度才有所好转；王家庄园里产的李子特别甜美，因为担心有人买了李子后，用吃剩的果核栽种，王戎卖李子前总是吩咐仆人在李子上打一个眼，把果核凿坏。

不过，与王戎这些不怎么光彩的事迹相比，我们或许更应该注意他做的另外一些事。比如，他与老妻恩恩爱爱；发生灾荒的时候，他赈济过灾民；他似乎还私下资助过生活陷入窘境的竹林老友；他曾经奏请朝廷，请求推行甲午制。

两晋年间，做官是世家大族的特权，只要出生于世家大族，生下来就能做官。所谓甲午制，指的是量才用人，类似于现在的试用制，做官之前先实习一段时间，能胜任这个职位就正式上任，不能就走人。最终，因为部分官员的激烈抗议，甲午制很快就不了了之。王戎奏请推行甲午制，是为了让朝廷选贤任能，但这触动了世家大族的利益，因而最终没能推行下去。

短暂的甲午制风波之后，一切回归平常，王戎又变成了戴着面具的狐狸，过着日复一日、富贵而无味的生活。这时候他已经六十多岁，在那个时代算是一个少见的长寿者，如果不出什么意外，他可以安安稳稳地度过余生。然而，老天像是要捉弄他，就在他行将就木，没有力气和意愿再去做什么的时候，祸乱爆发了。

公元300年，京城发生兵变，晋惠帝司马衷被废，皇后贾南风被杀。紧接着，各路藩王以拱卫皇室之名，一个接一个地成为京城的主人，又一个接一个地被更为强劲的对手替代。王戎从一个藩王手里落到另一个藩王手里，从虎口落到狼窝，两鬓斑白的王戎在经年不熄的战火中被争来夺去，每一天都过得提心吊胆，唯恐被摘掉脑袋。有一次，因为出言不慎，王戎得罪了一个难伺候的藩王，面临杀身之祸，为了苟活，他不得不假装发癫，跳进粪水里才躲过了一劫。

公元304年秋天，藩王之间的厮杀愈演愈烈，一个藩王裹挟着司马衷逃往长安，七十岁的王戎也被迫随行，但是在途中，他率领亲随设法逃走了。很快，追兵尾随而至，与王戎一行在荒原上展开了激烈的厮杀。

五十多年前，还是少年的时候，王戎想要很多东西，名利、风流、友情、建功立业……为了得到它们，他谨小慎微，压抑着本性过了一辈子，但最后他得到了什么呢？朋友认为他贪恋富贵，亲人嫌弃他爱财如命，同僚指责他尸位素餐。大动乱爆发之后，他被抢来夺去，辗转颠簸，恍若丧家之犬。

荒原之战是王戎留下的最后的人生剪影。据记载，与追兵激战时，王戎毫无惧色，镇定自如，还手持兵器与追兵搏斗。这与他之前那副唯唯诺诺的形象差距太大了，以至于让人怀疑史官在记录时，有为尊者讳的意思。但我们换个角度想，与敌人短兵相接的王戎可能才是真实的王戎。因为，他以为自己就要死在荒原上了，在人生最后的时刻，许多东西已经没有意义了。王戎赔着笑脸活了五十多年，也许他已经受够了，所以他扯下令自己窒息的面具，展示出了真实的自己。

于是，荒原上这个毫无惧色的老人，与许多年前在宣武场上那个面对猛兽毫无惧色的孩子阔别多年之后，在时空的某个交叉点重逢了。

王戎没有死在荒原上。经过一番激战，追兵被打退了。其后，他回到郏县的一个庄园里，在这里度过了人生中最后的几个月。

《晋书·王戎传》中记载着这样一件事。某次，王戎与随从路过那片熟悉的竹林，看到林外的酒垆，他伤感地说："我还是少年的时候，时常与阮籍、嵇康在这个酒垆里痛饮，然后优游于竹林间。可惜阮、嵇二公过世后，我为俗世所累，再无这等快意时光。而今再看这酒垆，就如同看山，似近却远。"

在王戎的一生中，这只是一桩琐事，并不具有特殊的意义，所以史官把它附在了传文的最后，没有去考证它究竟发生在哪一年。不过，我们有理由相信，王戎说这些话的时候，应该就在回郏县的路上，因为郏县和竹林都在洛阳附近，他极有可能是在回郏县的途中，经过了封存着少年时代记忆的故地。王戎说这些话的口气，也符合他历经风波的心境。

王戎去世的第二年，藩王之间的残暴杀戮结束，但和平并没有因此到来。王戎去世的第十三年，西晋灭亡，在琅邪王家的鼎力辅佐下，司马氏的子孙退缩于江东，建立了东晋王朝。极有可能是为了给自家人贴金，王戎被琅邪王家归类到了贤者的行列，但想必王戎不会在乎这些虚名，因为他在人生最后的时光里终于抛弃了虚名，当了一回勇士。

wehip/绘
曹植 半世荣华半世空

# 曹植

## 半世荣华半世空

张岩／文

人物年代：　汉末三国时期

人物小传：　曹植，字子建，沛国谯县（今安徽亳州）人，曹操第三子，生前获封陈王，去世后谥号“思”，因此又称陈思王。曹植是建安文学的主要代表人物之一，也是汉末三国最为著名的文学家之一，因为卓越的文学造诣，他与曹操、曹丕在文学史上合称“三曹”。谢灵运曾如此评价他：“天下才有一石，曹子建独占八斗。”钟嵘在《诗品》中将他列为品第最高的诗人；王士祯曾说，汉魏以来二千年间诗家堪称“仙才”者，曹植、李白、苏轼三人耳。

个人成就：曹植是建安文学的主要推动者和集大成者，是历史上第一个大力创作五言诗的人，完成了从乐府民歌到文人诗的转变。曹植的诗文总体以词采华美见长，融合了《诗经》“哀而不伤”的庄雅和《楚辞》窈窕深邃的奇谲，既继承了乐府民歌反映现实的基调，又开创了《古诗十九首》温丽悲远的风格。曹植的前期作品主要歌唱理想和抱负，洋溢着乐观、浪漫的情调，后期作品则主要表达对现实的悲愤和不满。

人物代表作：《洛神赋》《登台赋》《白马篇》《幽思赋》

# 曹植

—— 半世荣华半世空 ——

曹植出生的时代，并不是一个好时代。

那个时候，人们极度缺乏安全感，战争已经持续了很多年，不知道什么时候才能结束。到处都是废墟、饥荒、灾民，世界仿佛只剩下黑白两色。

在一首名为《蒿里行》的五言诗中，曹植的父亲——曹操沉痛地写道：

关东有义士，兴兵讨群凶。

初期会盟津，乃心在咸阳。

军合力不齐，踌躇而雁行。

势利使人争，嗣还自相戕。

淮南弟称号，刻玺于北方。

铠甲生虮虱，万姓以死亡。

白骨露于野，千里无鸡鸣。

生民百遗一，念之断人肠。

初平元年（公元 190 年），关东诸侯推举袁绍为盟主，大举挥师西进，讨伐残暴的董卓。义军的声势很大，然而，到了真正需要打仗的时候，面对董卓麾下强悍的凉州铁骑，很多人害怕了，谁也不敢与敌军决一死战。这时候，曹操勇敢地站了出来，号召大家勇往直前，一举打垮董卓，兴复汉室。可惜此时的曹操人微言轻，在各路义军当中只是一个小军头，谁也不把他当回事。曹操悲愤交加，于是独自率军出战，不是为了证明自己多勇敢，也不是为了抢立军功，他只是想让世人知道，世上还有人会为正义而战。

很不幸，曹操失败了，几乎全军覆灭，他本人也差点在混乱的战场上丧命。撤回后方之后，他做了最后一次努力，呼吁各路义军齐心协力，共同讨伐董卓，奈何众人还是把他的话当耳旁风。

之后的好几年里，曹操率领他的军队游荡在华北平原上，与形形色色的敌人交战，在胜利的喜悦和失败的悲伤之间辗转。就是在这时，卞夫人给他生下了曹植。

曹植出生的这一年（公元 192 年），曹操的心情相当低落，因为他的父亲被另外一个军阀截杀了。而且在曹植出生之前，他早就尝过了为人父的喜悦。尽管因为父亲的暴死，曹操的心情不好，对于这个小生命的来临，他也已经不是那么兴奋，但他还是很认真地给这个孩子取了一个很有寓意的名字。

在古汉语中，植有支柱、稳固之意。曹操用这个字给新生儿命名，似乎反映了他的某种心境——厌倦了游动作战的戎马生涯，盼望着能有一块可以真正落脚的地方，也期望着孩子们快点儿长大，好为自己分忧。

关于童年岁月，曹植的记忆有些模糊，他只是依稀记得，那个时候的自己好像总是在流浪，坐在马车里跟着军队到处漂泊，一扇小小的车窗，就是自己了解世界的通道。不打仗的时候，曹植掀起车窗上的帘幕，可以看到逶迤的队伍、高耸入云的山川、奔流不息的江河、一望无垠的平原、惊涛拍岸的大海、壮丽如画的落日……打仗的时候，曹植可以看到肌肉虬结的鼓手、往来奔走的传令兵、阵仗庞大的弓箭手、怒吼如雷的步兵、矫若游龙的骑兵、千疮百孔的城墙……

关于那段峥嵘岁月里的曹植，曹操的记忆也不是那么清晰，他只是知道自己有这么一个儿子，却不太清楚这个儿子有什么令人印象深刻的特点。需要曹操打理的事情太多了，他实在抽不出太多的时间去一一关心儿子们，他至多只能关心一下大一点儿的那几个孩子，因为继承人将来最有可能在这几个孩子中产生。

建安五年（公元 200 年），曹操在官渡击败袁绍主力，一举成为北方势力最为强大的军阀。又过了两年多，袁家残余势力被荡灭，曹操入驻邺城（今河北邯郸），终于有了一块稳固的根据地。但不幸的是，在南征北战的那几年里，曹操最为心爱的长子在一次惨烈的战争中丢了性命。逝者往矣，寄托再多的哀思也无济于事，无奈之下，曹操只能从剩下的儿子当中挑选最合适的继承人。也正是从这时候开始，少年曹植结束了漫长的随军岁月，在邺城过上了相对安定的生活。

将邺城收入囊中之后，出于巩固后方的需要，曹操也不再像从前那样总是亲临战场，这也就意味着，他和孩子们相处的时间比以前多了一些，有更多的时间去了解孩子们。曹操是个手腕灵活的政治家、智谋过人的军事家，同时也是个腹有才华的文学家，只是由于军政事务繁多，他无法在诗文上投入过多的精力。对于热衷于文学创作的曹操来说，这是一个令人感到无奈的遗憾。不过，曹操很快欣喜地发现，有一个孩子继承了自己的文学天赋。这个孩子就是曹植。

或许，曹植在文学方面早就表露出了天赋，只是曹操忙于征战而没有注意到；或许，是在邺城定居之后，曹植才渐渐表露出了文学天赋；但不管怎么说，曹操与曹植之间的距离因为相同的兴趣爱好被拉近了。有时候，在文学方面造诣深厚的曹操，甚至会为曹植的文学天赋而感到惊异，以为曹植所写的诗文是背地里由别人代笔的。为了打消心头的疑虑，他时不时会以突击考试的方式考一考曹植，但曹植每一次的回答都让他十分满意。

除了文学创作上的共同兴趣，父子二人的性格也颇为相似。曹操虽然是个喜怒不形于色、讲究排场的厉害人物，但他曾经也是一个少年，而且是一个放荡不羁的简约主义者，他直爽，率真，开朗，对世界充满了光明的想象，只是在后来的权力斗争和血流成河的厮杀中，这些宝贵的特质被他压抑到了心底最深处。少年时代的曹植对享乐没有兴趣，生活一切从简，豁达，随和，不拘小节，这在曹操心中无疑是加分项。

建安十七年（公元212年），铜雀台落成。这一年，曹植二十一岁。

铜雀台位于邺城西北角，台身加上台基，高达二十多丈，台顶放置着一只一丈多高的铜凤，展翅欲飞，引颈似鸣。登临台顶，邺城的大街小巷尽收眼底，城郊的山川大泽亦可一览无余。作为显示声威的一座标志性建筑，曹操在铜雀台上倾注了大量的人力物力，巨台落成之日，他带着儿子们登临台顶，让大家以台为题，作诗赋文。

获胜者自然是曹植。尽管其他人也搜肠刮肚，各尽所能，作出了自己最为满意的诗文，但与曹植所作的《登台赋》相比，他们的作品黯然失色。面对墨迹未干的《登台赋》，曹操再一次表现出了惊讶之情，但他惊讶的并非是曹植从众人之中脱颖而出，而是曹植写作《登台赋》的速度——文不加点、一气呵成。曹操早就知道这个儿子文采过人，只是他不曾料到，曹植居然才思敏捷到这个地步。

归根结底，文学抒发的是人类的普遍情感，一个作品能引起许多人的情感共鸣，那它就具备了成为好作品的要素之一。进一步来说，一个文学创作者的文才高低，事实上取决于他对人的情感的挖掘程度，或者说，取决于他的共情能力的强弱。在这一方面，曹植的修为可谓臻于化境。曹植不仅可以酣畅淋漓地描绘出自己的情感世界，进而使别人产生强烈的代入感，还可以形象地描绘出别人那种心里明白、嘴上却没法说清楚的情感。比如，曹植的一个妹妹快要出嫁的时候，他的母亲郁郁寡欢，舍不得女儿离开，于是她“大材小用”，把这种隐晦的心情倾诉给曹植，让他专门写一篇赋，结果曹植把母亲难以言述的心境表达得明明白白。

铜雀台落成时，曹操正在考虑应该扶持哪一个儿子做继承人。在展翅欲飞的铜凤下，他虽然没有明确地说继承人非曹植莫属，但他对曹植的公开欣赏，等于向大家释放了一个信号——曹植有望成为继承人。

有文才是一回事，能治国理政是另外一回事。曹操虽是一个浪漫主义文学家，却是从刀林剑雨里走出来的，他比任何人都明白写文章和治国理政是两件完全不一样的事。可惜，从小就顺风顺水的曹植，却不懂这个道理。

建安十九年（公元 214 年），曹操把镇守邺城的任务托付给曹植，然后亲自率军，讨伐盘踞在江东的孙氏政权。临行之前，曹操语重心长地对曹植说：“二十三岁是我人生的起点，回首前尘，我对往昔的所作所为无怨无悔，你今年也是二十三岁，往后你要勉励自己，务求上进！”

后来，因为在夺嫡之争中失败，曹植的遭遇颇令人同情，许多人甚至把他塑造成了在权力斗争中单纯而无辜的受害者。曹植其实并不单纯，他也曾摩拳擦掌、跃跃欲试，与最为强劲的竞争者曹丕展开过激烈的纷争。只是，与灿烂夺目的文学才能相比，他的治国理政能力实在是令人不敢恭维。

为了把心爱的儿子培养成合格的继承人，曹操煞费苦心，给予了曹植好几次机会，但曹植错误地以为，得到父亲的青睐就等于大局已定，而自己的文才就是夺嫡之争中无坚不摧的“神兵利器”。

脍炙人口的诗文《白马篇》，就极有可能作于夺嫡之争期间。曹植写作这篇诗文是为了拉拢一位将军，其中刻画的英姿飞扬的“幽并游侠儿”有写实的成分，但也不乏对其的吹捧。

即使在与友人往来唱和的诗文中，曹植也不是十分真诚，对友人的情感慰藉有些敷衍了事，更侧重于抒发志得意满的喜悦。

曹操每每率军出征时，曹植总是喜欢在送别时临场发挥，做一篇辞藻华美的诗文，令众人惊叹不已。而曹丕默然不语，只是以流泪和叹息来表达对父亲的不舍之情。

曹植的诗文的确做得好，可他在其他方面的缺陷也是显而易见的。久而久之，曹操对这个儿子产生了一些别的看法。但曹植并没有察觉到父亲眼神中的异样，依然像从前那样自持过高，时常与朋友们狂饮烂醉，以一种高枕无忧而玩世不恭的态度，浑浑噩噩度日。

建安二十二年（公元 217 年），曹操终于做出抉择，宣布册封曹丕为魏王世子。对于曹植来说，这可是一声真正的晴空霹雳。历史记录有限，我们无法准确地捕捉曹植知道这个消息时的具体心情，但不难猜到，这肯定是他有生以来最为黯淡的一天。

不久之后，曹植又惹了一个弥天大祸。

建安二十三年（公元 218 年）秋季的某天，曹植喝醉了，可能是因为酒后头脑发热，昏昏沉沉，也可能是酒入愁肠，失意人的郁愤迸发了，几杯酒下肚，他竟然在洛阳宫城的驰道上驱赶着马车一路狂奔，谁都拦不住。

只有帝王和位极人臣的重臣，才有驱车踏入驰道的权利，曹植的爵位只是侯，并没有使用驰道的特权。曹操此前一再申明法度，曹植却公然置法度于不顾。因此，驱车事件发生后，曹操勃然大怒，随即以渎职的罪名处死了负责看守王室车马的官员，严厉斥责了曹植 并专门下达了一道针对诸侯的政令，禁止他们仗着自己的特殊身份而胡作非为。

但是，曹植毕竟是曹操曾经最为中意的儿子，等到事态渐渐平息下来，曹操有些心软了。建安二十四年（公元 219 年）秋天，关羽围攻樊城，前线战事吃紧，曹操迅速调遣精兵强将赴援，并任命曹植为援军主帅。曹植没有行军作战的经验，挑不起这么重的担子，曹操对这一点很清楚，他并不是真的想让曹植到前线统筹战局，而只是让曹植挂个头衔到军中历练一番，以挽回几分颜面。然而，曹植再一次让曹操失望了，使者到曹植的府邸里传达曹操的命令时，他醉得人事不省，连领命的理智都没有。

王宫里传出一声无奈而悲哀的叹息，曹操彻底对曹植失望了。

第二年正月庚子日（二十三），曹操去世，次日，曹丕即位。

在曹操的灵位前，曹植失声痛哭，为自己辜负了父亲的期望而哭，也为即将到来的苦日子而哭。作为曹丕的亲弟弟，他知道这位兄长并不是大度的人，秋后算账的时刻到了。

在生命最后的十二年里，曹植名义上贵为藩王，事实上却只是一名高级囚徒，他的封地也一直处于变动的状态。不管被派往何处为王，曹植都不能离开王城超过三十里，朝廷拨付给他的亲兵也一直只有二百多人，其中还有很多老弱病残。不仅如此，曹植的一举一动几乎都受到了严密的监视，曹丕隔三岔五就会派遣使者前来“慰问”他，警告他时时刻刻要对朝廷忠心不二，不要有非分之想。

曹丕对曹植如此轻慢，所有人渐渐地也就不把曹植放在眼里，即使在一个身份低微的使者或者负有监督使命的地方官面前，曹植也表现得诚惶诚恐，状若罪囚。有一次，曹植的居所坏了，想请朝廷发放一些修缮物资，但迟迟得不到回应，地方官对他的请求也无动于衷。无奈之下，他只好让随从去拾荒，从没有人烟的废墟里挑拣一些修葺房屋所需的材料。

虽然种种遭遇看上去很糟糕，但令人心酸的是，这是在曹丕心情不错的情况下，曹植才能享受到的“待遇”，如果曹丕的心情不好，那么他的处境就会更加艰难。比如有一回，曹丕就打算下令处死他。不过曹丕不是彻头彻尾的冷酷之人，在血浓于水的羁绊下，他对胞弟还存有一丝恻隐之情，最终并没有把这个冷血的想法付诸实践。但这一丝若有若无的恻隐之情带给曹植的，更多的是坐立不安的惶惑和生死两难的折磨。

在这样艰难的处境下，唯一能够慰藉曹植的，大概只有手中的笔了。

黄初三年（公元222年），曹植到京城朝拜天子，在返回封地的路上，途径洛水时，他写下了千百年来被无数人称诵的《洛神赋》。

在曹植的创作生涯中，这是他此前从未到达过的巅峰，此后他也再未能写出如此摄人心魄的作品。与其说《洛神赋》是一篇人作，不如说是神作，是一篇天神借凡人之手流泻而出的异彩华章。在这篇《洛神赋》中，华丽的辞藻与真切的感情融合得天衣无缝，汉语的文字之美、音律之美、意境之美被发挥得淋漓尽致。

……翩若惊鸿，婉若游龙。荣曜秋菊，华茂春松。髣髴兮若轻云之蔽月，飘飖兮若流风之回雪。远而望之，皎若太阳升朝霞；迫而察之，灼若芙蕖出渌波。秾纤得衷，修短合度。肩若削成，腰如约素。延颈秀项，皓质呈露……

随着对洛神美貌的铺陈，曹植虚构了一段自己与神女陌路相逢，最终却无缘而散的悲伤邂逅。曹植是被神女遗弃的人，这一点确凿无疑，但神女是谁呢？史学家和文学家为此争执不休。有人说，神女指的是曹丕的妻子甄姬，这种说法不太站得住脚，因为曹植与甄姬的年龄差别过大，身份有别，很难产生情感上的交集；有人说，神女指的是曹植的亡妻崔氏，这比第一种说法靠谱一些，但也不见得多有说服力，因为现存的历史记录不足以说明曹植与崔氏的感情深厚，崔氏似乎不足以在曹植的感情中引发如此深沉的回响；还有人说，神女事实上指的是曹丕。

最后一种说法虽然听上去不靠谱，但也有几分道理。在曹植生活的那个年代，以男女之情寓指君臣关系并不是什么稀罕事。曹植对神女的恋慕，以及对被神女遗弃的遗憾，与他对曹丕的复杂感情恰好是互相映照的。人们之所以会对神女的身份产生别的猜想，无非是因为把曹植的处境浪漫化了，就像坐在树荫下看着在田垄里挥汗如雨的农夫，人们还一厢情愿地幻想着田园生活如诗如画。以曹植当时的处境来说，他哪里有那么多浪漫的情怀，也许能靠着曹丕的怜悯活下去，他就很不容易了。

除了《洛神赋》，在人生最后的十二年里，曹植还写过许多流传千古的文章，比如《赠白马王彪》《释愁文》……关于他的文学成就，我们不必再说，在这一方面，文学史研究者已经做过大量的解释。我们想说的是，曹植渴望名垂青史，但他恐怕并不喜欢这种靠文章留名的方式，因为他更希望通过建功立业而彪炳千古。

一个有意思的现象是，让曹植陷入艰难困境的曹丕，反而希望自己的文章能光照千古，被后人代代传颂。在一篇名为《论文》的文章中，曹丕热情洋溢地把文学创作拔到前所未有的高度，说文章是“经国之大业，千古之盛事”。其实，曹丕的文章写得相当好，也有一种打动人心的风姿，只是后人在提到他的时候，往往更热衷于谈论他在政治、经济、文化方面的作为，而很少谈到他在文学方面的成就。

人生一世，草生一秋。兄弟二人虽然一生不和，但他们都活成了对方渴盼的模样。

黄初六年（公元 225 年）冬天，为了震慑江东政权，曹丕率军南下，在江淮地区举办了一次声势惊人的阅兵典礼，在返回洛阳的途中，经过雍丘时，他顺便去探望了一下久违的弟弟。此时的曹丕疾病缠身，曹植也是落魄不堪。兄弟二人在会面时谈了些什么呢？没有人知道。

第二年夏天，曹丕去世；六年后，曹植也离开了人间。

我想，最后一次会面，兄弟二人或许会谈到许多年前登铜雀台、临风赋诗的那一天。

那时候，兄弟二人都还很年轻，风华正茂，对未来抱有无限美好的幻想。

# 潘安

## 这个世界不会只看脸

张岩 / 文

人物年代：　西晋时期

人物小传：　潘安，本名潘岳，字安仁，郑州中牟（今河南郑州中牟）人，西晋文学家、政治家，古代四大美男之首。潘安出身儒学世家，青年时代宦游洛阳，在权臣贾充的幕府充当幕僚，后历任京官，河阳令、怀县令。重回京城后，潘安依附权臣贾谧，以文才闻名，与石崇、陆机、刘琨、左思等人被称为“二十四友”。贾谧失势后，潘安又依附杨骏，在杨骏门下担任太傅主簿；杨骏失势后，赵王司马伦发动政变，篡位称帝，夷灭潘安三族。

个人成就：潘安是西晋年间的文学家，依附贾谧时，他与左思、陆机等人往来唱和，名声大噪。钟嵘在《诗品》中将潘安的诗作列为上品，尤其是他的悼亡诗，更被文学史研究者视为悼亡题材的开山之作、古代文学史名篇。此外，在流行赋的魏晋年间，潘安写的赋也被视为引领潮流之作、同类体裁中的翘楚。潘安的作品最大的特点是感情细腻、诚挚动人，弥漫着一种女性化的气质，宛若出自女性作者之手，使得读者在阅读每一句时都能体会到他的所思所想，一般男性作家很少有人能写出风格如此奇特的作品。

人物代表作：《悼亡诗》《秋兴赋》《闲居赋》《怀旧赋》《沧海赋》《哀辞》

# 潘安

—— 这个世界不会只看脸 ——

魏晋是个看重“颜值”的年代。在那个年代评议人物，先要对人物的外表、风姿评议一番，然后再品评人物的才华、品格。只有风姿不凡、才华出众、品格高雅的人才能得到众人的推崇。但有这么一位人物，只凭借“脸”就闯出了不凡的声望，这个人就是潘安。

潘安的外表堪称完美，见过他的人，不论年龄、性别，无不对他的外貌称赞有加。在我们生活的这个时代，外貌好的人要数演员，但即使是在一众演员中，也少有人仅靠脸就能服众。我们觉得某位演员的形象很好，但在另外一部分人眼里可能不过如此。但潘安不同，他的外表能得到男女老少称赞。

潘安不仅长得好，他的才华也是毋庸置疑的。文才惊艳千古的王勃写完《滕王阁序》时，说了这么一句话，“请撒潘江，各倾陆海”——我的文章写完了，请潘江陆海赐教。陆海，指的是西晋年间的大文豪陆机；潘江，指的则是潘安。才高如王勃，写了文章都得谦虚地请潘安指点一番，可见潘安的文才多么了得！然而，说到人品，潘安可就让人大跌眼镜了。

潘安本名潘岳，字安仁，所谓潘安只是大众的叫法。该叫潘安还是潘岳，其实无所谓，反正指的都是他，我们就姑且叫他潘安吧。

潘安生在一个官宦家庭，虽然生活不愁，但并非名门望族，潘安的出身决定了他终究要走上仕途，但也几乎决定了他在仕途上走不了多远。只是“几乎”，并非“完全”，能不能突破“几乎”的壁垒，就看潘安个人的造化了。

潘安从小便有名气，还是个孩子的时候，潘安就被许多人誉为奇童，不过他的名气不是很大，因为他的父亲只是个地方官，社交圈里基本上都是一些社会地位相当的人，没有那种能把名显一方的小才子，炒作成轰动全国的大才子的名士。

公元 258 年，一个名叫杨肇的人来潘家做客，一见时年十二岁的潘安就大为欣赏，希望与潘家结为亲家，把十岁的女儿杨容姬嫁给潘安。杨、潘两家是世交，两家的家长对于这门亲事都十分满意，潘安与杨容姬也是各自欢喜，一对粉雕玉琢的小儿女往那里一站，犹如一对璧人。

七年后，因为父亲的职位有变，十九岁的潘安跟着父亲来到琅邪（今山东临沂），结识了一个叫孙秀的人。孙秀是当地府衙的一个小吏，为人精明，善于揣测主上的心思，潘安的父亲觉得这个人聪慧，便让他专门伺候潘安。但潘安觉得孙秀人品不好，对孙秀很不友好。

少年不知愁滋味。生活在琅邪的这一年多，是一段十分令潘安愉悦的经历，读书、射猎、旅游就是潘安生活的全部内容。出行最远的一次，潘安一路东行，走到了乱石穿空的大海边。作为一个文人，这段经历自然会在他的作品中留下印迹，虽然相关作品只有吉光片羽流传至今，但从这些支离破碎的片段中，我们依然可以感受到潘安当时那怡然自得的心情，这也是他生命中最后一段闲适的岁月。

大概在潘安二十岁那一年的夏天，琅邪的空气中渐渐弥漫起海腥味的时候，潘安告别父亲，启程前往洛阳，在司空太尉府做了一个类似于文书的小官。洛阳是名闻天下的通衢大邑，繁华与富庶绝非偏居帝国一隅的琅邪所能比。大开眼界的同时，潘安也颇为失落，因为洛阳城太大了，他一时间难以接受自己从小城骄子变成了无名之辈。

最早注意到潘安非同寻常的是洛阳城的老百姓，或许，从潘安入城的那一天起，大家就被他那举世无双的容貌惊呆了。每当他乘车走在洛阳城的街头时，行经之处总是人山人海，人们推推搡搡，你拥我挤，只为在人群中多看他一眼。与男性相比，女性更为狂热，她们喜欢拿着各种各样的水果在街边等候，等潘安的车驾路过时，就争先恐后地往车里投掷水果。据说有时候一条长街走不完，潘安车厢里的水果就堆积得满满当当了。这时候的潘安，不仅拥有不凡的外表，还拥有对未来做出不凡功业的渴望。

在洛阳城的街巷中虚掷光阴的第三年，潘安终于迎来了一个好机会。这一年春季，朝廷在城郊举办了一次盛大的藉田仪式，晋武帝司马炎亲手扶着犁杖，在一块农田里象征性地耕了一次地，祈祷风调雨顺、国泰民安。作为司空太尉的跟班，潘安以旁观者的身份见证了仪式的全过程。事后，京城大大小小的官员纷纷上书，歌颂晋武帝那感动上苍的盛德，潘安也写了一篇《藉田赋》。

《藉田赋》从许许多多的文章中脱颖而出，司马炎龙颜大悦，潘安声名鹊起。凭才学走上了仕途，潘安似乎终于可以走上成功的人生大道了。不久，出于对人才的赏识，权臣贾充——太子妃贾南风的父亲——把潘安招揽到了自己的府上。但让潘安意想不到的是，之后近十年，他一直在贾充府上充当小吏，没有升迁的机会。

也许是因为《藉田赋》写得太好，引起了同僚的嫉妒；也许是因为陷入了不同派系的纷争，总之，潘安在将近十年的时光里过得并不开心。唯一让潘安感到欣慰的，是在二十八岁那一年迎娶了杨肇的女儿，一对天造地设的璧人终于走到了一起。

婚后的幸福生活固然甜蜜，坎坷的仕途却始终让潘安感到惆怅。三十二岁那年，一个秋日的黄昏，他在贾府值班的时候，看到贾充的公厅里高朋满座、非富即贵，想到自己沉浮宦海多年，而今鬓间秋霜微染，却依然只是一个如同守家犬一般的小吏，一时间不由悲从中来。

除了笔，潘安没有别的倾诉方式。于是，《秋兴赋》诞生了。

《秋兴赋》感情充沛，用词考究，如同大珠小珠落玉盘，嘈嘈切切错杂弹。同时，潘安在这篇赋中表达了自己在官场上失落的情感，隐含着对滞官不迁的不满，以及对田园生活的向往。

赋文写就两个多月后，潘安被朝廷任命为河阳令。表面上看，河阳令是一方之长，怎么也比做贾府的小吏好，但事实上，那个时代的人们普遍认为，即使只在京城做个小官，也比外放好。

潘安在河阳做了四年令长之后，又被任命为怀县令，在怀县度过了人生中的另外四年。公正地说，潘安的政绩还是不错的，无论是在河阳还是在怀县，他都做得有声有色，并得到了朝廷的嘉奖。

公元286年，因为政绩卓著，四十岁的潘安被调回洛阳，到主管财政的度支部任职。光阴荏苒，此时的潘安已不再年轻，白发多了几丝，鱼尾纹多了几条，法令纹也深了几分，潘安本以为自己调回洛阳可以大展宏图，但事实再次让他失望了。回京的几年后，不知道因为何事，潘安被免职了。不久后，武帝驾崩，外戚杨骏篡改遗诏，大权独揽。

在这起仕途风波中，潘安变了。在此之前，潘安才华逼人却郁郁不得志，是一个让人同情的人；在此之后，他变成了一个趋炎附势之徒，选择依附大权独揽的杨骏。

不得不说，潘安对时势的判断能力实在不怎么样，因为他投靠杨骏的时候，杨骏已经成了众矢之的，败亡只是一个时间问题了。

一个夏虫初鸣的暗夜，寒光森森的刀剑和引弦待放的弓弩从四面八方围向杨府。一个年轻气盛的王爷一声令下，万箭齐发，刀光剑影，杨府的大门轰然倒塌，杨骏的党羽几乎被杀得干干净净。潘安本来也是要被处死的，幸而有好友搭救，他才躲过一劫。

随后，又是一连串令人胆战心惊的政变，藏在幕后的皇后贾南风清理了所有阻碍她走向巅峰的绊脚石，其中就包括那个年轻气盛的王爷，成了最大的获利者。

潘安有过一次出卖尊严和骨气的经历，所以这一次，他再次把骨气抛到了九霄云外。局势稳定后，他迅速“弃暗投明”，对贾家人百般献媚，许多次，他在路上看到贾家人的车驾就望尘而拜，卑微地匍匐在尘土里。贾南风当政的十年里，潘安的诗文创作极多，但几乎全是没有灵魂的歌功颂德之作，只有在几篇悼念亲友的作品中，我们才能看到他的真情流露。其中，他纪念亡妻杨氏的三首诗尤其动人心弦，以至于后世的文人墨客专门为这一类诗设置了一个类别——悼亡诗。

作为对潘安“识时务”的奖励，贾家赐给了他享之不尽的荣华富贵。

因为看不惯儿子没骨气，潘安的老母亲一再唠叨，凡事一定要知足，不要贪婪无度。潘安知道母亲的话是对的，但他控制不住自己的欲望，总觉得还不到收手的时候。

公元 299 年深冬的一个寒夜，贾南风设计灌醉太子（贾南风不是太子的生母），然后诱使醉意醺醺的太子抄写了一份企图谋反的文书。文书的底稿是潘安事先写好的。

第二天，太子的“罪证”被呈交到了朝堂上，朝野上下一片哗然。在不绝于耳的疑虑和非议中，贾南风强硬地将太子废为庶人，囚禁到洛阳东北角的一座小城里，不久又令人处死了太子。

在人生中的最后一个冬天里，潘安每一天都过得胆战心惊，唯恐自己陷害太子的罪行败露。

第二年春天快结束的时候，同样是在一个夜里，赵王司马伦打着为太子复仇的旗号，伙同党羽杀入皇宫，处死了惊慌失措的贾南风。紧随其后，弥漫着血腥气的夜幕中，贾家的党羽被押送到太极殿前等候发落，其中自然包括潘安。

落到这般田地，潘安并不觉得意外，但他不想死，还想活下来。就在这时，他在赵王身边看到了一个熟悉的身影，定睛一看，他才惊觉那人竟是孙秀。只是今非昔比，当年被他低看的孙秀，如今已是赵王身边的红人。

三十多年过去了，潘安认为当年的那点儿小恩怨已经不值一提了。潘安知道活下来的可能性很小，但他还是想搏一把，于是他哀求道：“孙君，还记得当年的交情吗？”孙秀冷笑道：“当年你怎么对我的，我至今也没有忘！”

处刑地点在洛阳东市，被押送到刑场之后，潘安在死囚中看到了一位老友。老友苦笑道：“安仁，你怎么也来了？”潘安哀叹道：“可谓‘白首同所归’啊！”当年一同向贾家献媚时，他与这位老友时常诗文唱和，“白首同所归”就出自他为老友所写的一首诗，没想到一“诗”成谶。

一刀寒光掠过，潘安扑地而倒，他那匆匆忙忙而荒腔走板的一生，就这样戛然而止了。

如果把潘安当作文学家来看，他不算很成功，因为他的作品缺乏能跨越不同时代的穿透力，过于讲究辞藻的华丽，缺少真情实感，随着时代的流转和各种新文体的兴起，它们难免会被束之高阁，只具有文学史上的保存价值。如果把潘安当成官员来看，他也不算成功，毕竟他流传下来的功绩太少了。但潘安的名字仍然流传了许多年，只因“貌似潘安”这个词语实在是太深入人心了。

潘安是什么身份？做过什么？写过什么文章……不用怀疑，知道答案的人寥寥无几，或许，很多人连潘安生活在哪个朝代都不知道。但只要提到潘安，人们马上就会说，不就是历史上那个著名的大帅哥吗？

如果潘安的品格也像他的外貌一样出色，他该是一位多么让人尊敬的名士啊。

xian贤先生/绘
谢安
我本人间风流客

# 谢安

## 我本人间风流客

张岩 / 文

人物年代：　东晋时期

人物小传：　谢安，字安石，陈郡阳夏（今河南太康）人，东晋时期政治家、名士，自小以才气闻名，长于清谈，而无仕宦之意。东晋中后期，因谢家面临门庭凋敝之危，他才步入仕途，先后担任征西大将军司马、吴兴太守、吏部尚书、中护军等职。在公元 383 年的淝水之战中，他坐镇后方，安定人心，拣选将帅开赴前线，以八万兵力击败了号称拥兵百万的前秦军队，使晋室得以延续。公元 385 年，谢安病逝，享年六十六岁，谥号“文靖”。

个人成就：谢安以出色的政治才能而名垂青史，被誉为“中国历史上有雅量、有胆识的大政治家”。此外，他还多才多艺，通晓音律、书法、老庄学说，曾师从王羲之学行书，米芾曾称赞他的书法“山林妙寄，岩廊英举，不繇不羲，自发淡古”。

人物代表作：《上疏论王恭》《魏陟周丧拜时议》《简文帝谥议》《遗王坦之书》

# 谢安

## ——我本人间风流客

谢安的知名度不算很高；但提起淝水之战，学过高中历史的人都知道。谢安就是凭借淝水之战而留名青史的。所以，关于谢安的故事，我们还要从当时的局势说起。

升平二年（公元 358 年）冬天，南方的东晋帝国人心惶惶，因为北境的守将传回紧急军情，说北方的燕国发布了征兵令，声称将倾全国之力，征调一百五十万兵员，跨越长江天堑，挥师南下。

对东晋而言，征调一支十万人的军队都难如登天，如果一百五十万的燕兵全线压来，后果将不堪设想。为了应对巨大的战争危机，东晋君臣几经商议，决定抢在敌人亮出獠牙之前出师北上，尽可能多地占领一些地盘，以作为战略缓冲区。

第二年春天，晋廷任命一位姓郗的将军为前锋，先行率军北上，又命令谢万率主力随后跟进，充当后援。行军途中，郗将军病了，不经朝廷允许，也没有同谢万商量，他就擅自命令前锋撤退。跟在后面的谢万以为前锋吃了败仗，吓得扔下主力撒腿就跑，士兵们见主帅走得狼狈而匆忙，以为是凶悍的燕国铁骑杀来了，也化作鸟兽散。

一次开场轰轰烈烈的北伐，就这样如同闹剧一般荒诞地结束了。

谢万平时以风流名士自居，瞧不起流血流汗的将士们。大军溃逃的路上，一些粗俗、豪迈的将军打算趁乱杀死他，雪洗往日里的耻辱。这些将军心想，反正形势这么混乱，等回到后方，如果朝廷问起来，随便找个理由搪塞过去就可以了。

就在谢万命悬一线的时候，一个气度飘逸的中年人站了出来，请各位将军看在他的面子上放过谢万。

这个中年人没有任何官职在身，只是一个随军家属，但杀气腾腾的将军们却愿意听他的。这个中年人名叫谢安，是谢万的兄长。

谢安给人的感觉是懒懒散散的，用现在的话来说，这个人很“佛系”。

谢安祖籍陈郡阳夏，就是现在的河南太康，在西晋末年的移民大潮中，他的伯父率领族人背井离乡，迁徙到了风物殊异的江东。

谢安从小就以天资聪颖而闻名，不过，他的聪颖并不单指冰雪聪明，而是灵动中有一种老成怪异，就好像上辈子见惯了钟鸣鼎食、大风大浪，觉得此生也不过如此、索然无味。当时上流社会的人士热衷于清谈，谢安还是个孩子的时候就声名鹊起，引起了这些人的注意。

看过《天龙八部》的人都知道，慕容复自称皇族后裔，心心念念的都是复国，他总是拿出来炫耀的先祖当中，有一个人叫慕容垂。在东晋十六国时期，慕容垂是个十分了不起的人物，被许多人誉为战无不胜的“神”。慕容垂比谢安小六岁，谢安在江东声名鹊起的时候，他生活在辽东。即使相隔万里，慕容垂也听说过谢安的神童之名，据说他还曾经派人送来一对用白狼毛做成的装饰品作为敬礼。

从少年时代开始，朝廷就不断征召谢安到朝中任职，有的权臣也一再发来任命状，想把他延揽到自己的府邸里效力，但他不是坚决推辞，就是勉强做了几天官后，随意找个理由辞职。因为谢安这种漫不经心的工作态度，朝廷一度打算把他列入“黑名单”，终身不予录用。一般人遇到这种事，恐怕会吓出一场病来，可谢安生活得一如往常，一点儿也没有把它当一回事。

南渡之前，谢家只是一个四五流的士族，南渡之后，经过两代人的苦心经营，谢家的社会地位有所提升，变成了二三流的士族。谢安过去是“吃白饭”的，没有为谢家出过力，往后也没打算为谢家做什么贡献。慵懒度日，过一天算一天，没有什么烦心事，就是谢安最大的梦想。

“吃白饭”的人难免要被人数落。可能是为了图个耳根清净吧，谢安待在家里的时间比较少，大部分的时间里，他带着一群歌舞伎四处漂泊，过着一种居无定所的闲散生活，到河边钓鱼、到山上看景、与友人谈风月、与僧人谈佛理、与隐士谈遁世……谢安天赋极高，很有才情，但在循规蹈矩的人看来，他对待自己的才情太过草率了，把它们都浪费在了没有意义的事上。

有时候，谢安对自己的生命也很“草率”。某次，他和几个友人泛舟江上，忽然，江风骤起，大浪翻涌，小船摇摇晃晃，同行之人吓得面色煞白，唯恐掉到江里，他却镇定自若。虽然他无法使风浪平息，但他的这种姿态，却使大家的恐慌平息了许多。

人活一世，终究需要做点儿什么，不能总这样懒懒散散的。有一次，谢安回到家里，妻子刘氏数落他游手好闲，没有尽到父亲对子女的教导之责，谢安说：“我虽然没有言传，但我身教了。”

这倒不是狡辩，谢安确实“身教”了。他所说的“身教”，指的是跟孩子们一起玩，一起念诗，赏山水草木，看风霜雨雪，教导孩子们讲究仪容，穿戴要整洁，举止要有风度，凡事不要强求……

另有一次，妻子刘氏对他说：“家族里的男人都有正事，个个有官职在身，就你一天无所事事，没有一官半职。”类似的数落之前也有过很多次，但这一次谢安的反应比较特别，他有点儿哀伤地说：“看样子，我离做官的日子也不远了。”

此时的宫城里正在上演着一场激烈的纷争。借着防备燕国南侵的由头，权臣桓温一再敦请朝廷把北伐的主导权交给他，企图趁机攫取军权。为了打消桓温的念想，朝廷计划筹备一次北伐，并打算由谢万主持此次军事行动。

谢万善于清谈，行军打仗却非他所长。静坐庭前，看着天际风云变幻，谢安不由得忧上心头，觉得是时候为家里做点儿什么了。同时，他也有些伤感，因为他知道，自己就要与无拘无束的好时光告别了。

升平三年（公元 359 年）春天，在谢万的主持下，北伐行动开始了，为了防止谢万惹祸，谢安以随军家属的身份与谢万一同北上。

北上途中，“公子哥”谢安忽然消失了，取而代之的，是一个与将士们同甘共苦的谢安，就好像他曾经在军营中生活过许多年，早就习惯了风餐露宿。在公开场合，他与将士们打成一片，毫无隔阂；私下里，他经常规劝谢万放下酸腐而清高的无聊姿态，尽快融入军中，不要总显得那么傲慢。奈何谢万我行我素，一直把他的话当作耳边风。

终于，大祸酿成，北伐军不战而败，全线溃退，平日里常被谢万羞辱的将军们萌生杀意，打算趁乱杀了这无能的主帅。就是在这时，谢安站了出来，请大家看在他的面子上放过谢万。

将军们鄙视谢万，但尊重谢安。

对于闹剧一般的溃败，颜面无光的朝廷大为震怒，作为主要负责人的谢万被贬为庶人，革除一切官职。好在没过多久，燕国的皇帝突然染病去世，南征一事便随之作罢。不然，谢万会惹出多大的祸，真是谁都难以预料的。

谢万是谢家的主心骨，谢万如果倒了，谢家紧跟着也就垮了。到了这个节骨眼上，谢安坐不住了。这一年，他正好四十岁。

在东晋帝国，做官是一门“以退为进”的艺术。也就是说，朝廷征召你去做官，你得推辞，不能一接到征召就风风火火地上任，那样做别人只会嘲笑你功利。为表求贤若渴之意，朝廷接下来还会征召你几次，开出的条件一般也会越来越好，这时候你需要再推脱几次，最后勉强答应。但是在这个过程中，你心里必须有个底，见好就收，不能演得太过，否则就有可能竹篮打水一场空。

谢安之前多次拒绝出仕，打破了人们对做官的常规认识，同时也在无意间放大了人们对他的期许。许多人认为，他的才能如山高、如海阔，拒绝做官是因为时机未到。有的人甚至夸张地说，他就是这个时代的“救世主”，他不出仕，老百姓的日子就没什么盼头。

而今，谢安出仕了，不过他不是到朝廷里任职，而是到桓温的军府里效力。

谢安到达军府之后，有人给桓温送来了几样药材，桓温见其中有远志这一味药材，于是问道：“这种药草叫远志，也叫小草，为什么它有两种称呼呢？”一个幕僚答道：“此物在山中则为远志，出山则为小草。”谢安闻言颇感羞愧，这也是他一生中唯一一次流露出愧色。很难说这是桓温有意给他下马威还是纯属巧合，但不管怎么说，谢安与桓温共事的那段岁月总体上还是比较愉快的。

即使是为当朝权势最盛的人物效力，谢安也保持着以往懒懒散散的做派。有一次桓温有事召见谢安，传话人十分着急，他却在卧室里慢条斯理地梳洗穿戴。传话人等得受不了了，先赶回去复命，桓温听后笑着说：“那就别着急，等安石（谢安的字）准备妥当吧。”

桓温是个震慑朝野的权臣，但他也很有人情味，谢安为他效力的时候，他也给予了谢安足够的尊重，与其说他们是上下级，不如说他们是彼此欣赏的朋友。有一次谢安到军府议事，离开之后，桓温久久沉浸在方才交谈的愉悦中，回味般地对左右说道：“你们看看，我的府上还有谁能胜过安石啊！”

在桓温军府任职的第二年，谢万去世，谢安遂以为谢万奔丧为由辞职。处理完谢万的丧事，他来到了曾经拒绝过很多次的朝廷任职。

之后十几年里，谢安在朝堂上的地位一升再升。在桓温弄权的时候，谢安几经努力，维持了晋室朝堂的稳定。晋室朝堂给了谢安丰厚的奖赏，谢家的地位也随之上升，成了江东第一流士族。

这时候，谢安已经五十多岁了。在很多人的想象中，谢安是温润如玉的翩翩公子，但事实上，他出仕的时候已经四十岁，早就是个中年大叔了。

从太元三年（公元 378 年）开始，前秦雄心勃勃的苻坚大帝出兵攻打东晋的边疆重镇襄阳，声称要消灭晋国，统一九州。

从综合国力来看，前秦与东晋相比，就如同铁塔壮汉与弱不禁风的少年。为应对即将到来的国战，谢安一方面改革税制，充实国库，另一方面进行军事改革，派遣侄子谢玄打造了一支威名震古烁今的精锐之师，即历史上大名鼎鼎的“北府兵”。

襄阳位于长江上游，秦军在此地展开攻势之后，谢安迅速运送军粮到上游的西线战场，并命令谢玄在下游开辟第二战场，以牵制秦军的一部分兵力，从而缓解西线战场的压力。

由于东晋军队在西线战场的奋力抵抗，前秦军队一直没能打开上游的局面。太元七年（公元 382 年）秋季，失去耐心的苻坚决定孤注一掷，把兵力集结到东线，发动强攻，速战速决。

这一战，就是东晋十六国时期规模最大的淝水之战。

决战之前，东晋朝野上下一片悲观，在前线抗敌的谢玄日夜兼程，赶回建康（今江苏南京），请谢安面授机宜，制定破敌之策。谢安的回复却有些漫不经心，只是说：“不要多问，朝廷已另有打算。”

当天，谢安带着张玄驾车出游，来到了城外的山间别墅，与亲朋好友一起游山玩水，并且以别墅为赌注，与张玄对弈，天色稍暗才返回人心惶惶的京城，代表朝廷发布任命，任命弟弟谢石为征虏将军兼假节、征讨大都督、侄儿谢玄为前锋都督。

除此之外，谢安没有再做其他事，成也好，败也罢，人力所能做的，他已经全部做了。接下来，只能看天意了。

前方战报传回时，谢安正在与客人下棋，看罢战报，他云淡风轻地将战报放到案头，继续下棋。客人问何事，他轻描淡写地说，打了一个胜仗而已。客人走后，他却高兴得像个小孩一样，在屋里连蹦带跳，连屐齿被门槛磕断了都没有察觉到。他没有不高兴的理由。客观地说，当时的东晋几乎没有与前秦一较高下的实力，这场轰轰烈烈的大战赢得太意外了。

文人总是对残酷的战争怀有浪漫的想象，比如，以谢安自比的大诗人李白说，“但用东山谢安石，为君谈笑静胡沙”。说得好像谢安运筹帷幄，一切尽在掌握之中，下几盘棋的闲工夫就摧毁了前秦。事实自然并非如此，谢安也有七情六欲，也有常人的恐慌和畏惧，不然他就不会被那一截断裂的屐齿“出卖”，只是他知道，自己必须排除所有恐惧。

击破强大的外寇之后，谢家的声望达到了巅峰，但伴随着如日中天的声望而来的，还有令人如坐针毡的猜忌。

谢安对富贵不感兴趣，对权力也不热衷，当初他为了振兴家族而出仕，宦海沉浮这许多年，他也对朝廷尽力了，可这一切并非他的本心。很多年前，他只想做一个人间风流客，在远离烟火气的地方潇洒一生。如今，谢家的声望有了，江山社稷也守住了，人心纷扰的世界里再无遗憾，他想离开庙堂，再回到那个无拘无束而又自得其乐的小世界。可是，庙堂又岂是说来就来、说走就走的地方？

淝水之战过后，为了减少猜忌和非议，谢安奏请出师北伐，离开了国都建康，把手中的大部分权力交还给了朝廷。即使如此，朝堂上讨论他的声音也没有停止。

名为北伐，实为躲避朝堂。在建康北部的一座小城里，谢安度过了人生中最后的时光。

太元十年（公元 385 年）夏季，六十六岁的谢安身染重病，有一天，他对孩子们说：“当年桓温权势最盛时，我战战兢兢，常常担心遭到杀身之祸。有天我梦见坐着桓温的车驾走了十六里，看见一只白鸡才停下来。白鸡属酉，今年太岁星在酉，为凶兆，我正好执政十六年，恐怕我是大限将至了吧。”

我们不必相信这个记载中怪力乱神的东西，但它反映了一个基本事实——弥留之际，谢安仍处于担忧的状态，即使离开了舆论的旋涡，他还是无法得到安宁。从桓温当权的时候就是如此，只是到弥留之际，谢安才把最为真实的想法倾诉了出来。

从那个时代大多数人追求建功立业的状况来看，谢安无疑是成功的，但谢安本人恐怕并不会把是否建功立业作为衡量自己一生的标准。对他而言，自己的人生可能早就结束了，在他四十岁那一年就结束了。

白雪纷纷何所似
撒盐空中差可拟
未若柳絮因风起

# 谢道韫

## 山上松与雪中絮

张岩 / 文

人物年代：　东晋时期

人物小传：　谢道韫，字令姜，陈郡阳夏（今河南太康）人，东晋诗人，在文学史上与汉代的班昭、蔡文姬齐名。谢道韫出身于陈俊谢家，是谢安的侄女、谢玄的姐姐，少女时代就因“未若柳絮因风起”的咏雪故事而声名鹊起，人称“咏絮之才”。虽然她极有才华，却因为当时流行的门阀联姻之风而嫁给了王凝之。王凝之为人愚钝，迷恋修仙炼道不可自拔。后来在兵乱中，王凝之因御敌无能被杀。家门覆亡之际，谢道韫挺身而出，杀死贼人，乱兵首领孙恩为其勇气所慑，下令将其赦免。乱兵兵乱平息后，谢道韫在会稽孤独终老。

个人成就：　谢道韫在当时以善作诗文而知名，据刘孝标注《世说新语》记载，“谢道韫有文才，所著诗、赋、诔、讼，传于世”，可惜她的大部分作品都已遗失。此外，谢道韫还长于清谈，对老庄学说颇有研究。据《晋书》记载，某次，王凝之的弟弟王献之与访客谈玄，被辩驳得理屈词穷，谢道韫想帮小叔子，于是命令婢女在门口挂着青布幔，遮住自己，就刚才的议题与访客言辞交锋，最终使访客理屈词穷。

人物代表作：　《泰山吟》《拟嵇中散咏松》

# 谢道韫

——山上松与雪中絮——

故事从一个雪天开始。

有一年冬天，建康下了一场雪，雪花很大，落地有声，窸窸窣窣，像白色的小精灵。

浪漫的人都喜欢看雪，碰巧，谢安就是一个很浪漫的人。站在廊檐下，看着银装素裹的世界，他很想说点儿什么，但他又觉得自己是个成年人，终究少了几分天真，怕言语不慎，唐突了这些可爱的小家伙。于是，他给家族中的孩子们出了一个考题："白雪纷纷何所似？"——你们都说一说，下雪像什么？

这些孩子当中，有一个叫谢朗的，是谢安的侄子，他先站出来说，"撒盐空中差可拟"——下雪跟空中撒盐差不多。

这孩子怎么就想着吃呢？谢安对这个回答很不满意，但他是个很会教育孩子的人，为了照顾谢朗的自尊心，他没有当众说谢朗的回答不好，而是示意其他的孩子继续说下去。

这时候，一个明丽可爱的小姑娘往前走了几步说，"未若柳絮因风起"——不如说，雪花飞扬如风中柳絮。小姑娘说得很淡然，但也很自信。

谢安大笑。他知道，"未若柳絮因风起"就是最好的答案，即使别的孩子再说下去，也不会说出比这个更好的。

这个小姑娘叫谢道韫，是谢安的侄女。陈郡谢家的许多孩子当中，谢安最疼爱的就是她，既是因为她最有才情，也是因为她最为善解人意，是谢安的贴心"小棉袄"。

谢安本人对仕途没有兴趣，本来也没有做官的打算，只是碍于形势所迫，人到中年之后，他才心不甘情不愿地进入官场。有一次，在庭院里散步时，想到混迹朝堂的种种难处，他慢慢悠悠地对谢道韫说："《诗经》里哪句诗最好？"谢道韫答道："吉甫作颂，穆如清风。仲山甫永怀，以慰其心。"

这句诗出自《诗经·大雅·烝民》，说的是周宣王命令仲山甫赴东方筑城，仲山甫厌倦了劳顿，不太愿意接受王命，于是吉甫作诗相赠，勉励好友尽快出发，功成早归。

这是字面上的意思，谢道韫引用这句诗的真正用意是想告诉谢安，做官本来就是辛苦的事，你要打起精神，用心做事即可，不要把无关紧要的流言蜚语放在心上。

谢安与谢道韫的这番对答妙在够雅，借风雅之诗谈俗世之事，又妙在点到为止，彼此心知肚明但都不将事情说破。

雅人深致——是谢安对心性聪慧的侄女的评价。这是一个很妙的评价，字面意思很容易理解，但很难把它的确切意味说得明明白白。不过，只要我们能理解大概意思就好，不用非得去追究它到底是什么意思。

谢安是那个时代“带人能力”最强的名人，但他惜言如金，一辈子很少夸奖别人，谢道韫被他这样一夸，很快就成了轰动江东的名人。如果放到今天，谢道韫家的门槛早就被形形色色的媒体踏破了，或许，为了“博眼球”，媒体还会给她加上“天才少女”“美少女作家”之类的头衔。

有才情的女性，给人的感觉一般是娇弱内向、楚楚可怜，但谢道韫比较特别，这边她吟着“未若柳絮因风起”，和叔叔谢安谈着风雅的《诗经》，那边她转过头去一声吼，不听话的弟弟们就得吓得“抖一抖”。

谢道韫有个弟弟叫谢玄，谢玄小时候很像年轻时代的谢安，做什么都慵慵懒懒，谢道韫好几次劝他好好读书，他都漫不经心，成天变着花样想怎么才能玩得尽兴。终于，谢道韫发脾气了，怒气冲冲地吼道：“阿遏（谢玄的小名），让你好好读书你从来不听，你到底是脑子笨，还是没毅力！”

虽然让人这样疾言厉色地教训了一顿很没面子，但谢玄打心里敬重这个既有真才情又有真性情的姐姐，经常在外面跟小伙伴炫耀自己的姐姐多么了不起。像姐姐所盼望的那样，谢玄长大成人以后，发愤图强，成了一个对国家有用的人，但他的“有用”恐怕要远远超出姐姐的预料。

公元 383 年，雄霸北方的前秦帝国出动九十多万大军南下，扬言要消灭东晋。但在震古烁今的淝水之战中，他们遭到了晋军的猛烈反击，一溃千里，兵败如山。当时，在前线负责作战事宜的前锋都督，就是小时候懒懒散散的谢玄。

谢道韫何尝不想到庙堂上谈家国事，到沙场上听塞外声，但是没有办法，她是女人，时代注定了她的梦想不能成真，也注定了她的宿命是相夫教子。

时间一晃，嫁人的年纪到了。一向不关心家务事的谢安一反常态，对登门求偶的少年郎千挑万选，唯恐最为疼爱的侄女没有好归宿，一番精挑细选，他把侄女托付给了出身于琅邪王家的王凝之——大书法家王羲之的次子。然而，出乎他意料的是，他精心做出的选择，却葬送侄女一生的幸福。

王凝之人不坏，得益于父亲王羲之的教导，他还能写几笔好字。但令人遗憾的是，这个人没有灵性，生性愚钝，沉迷于虚无缥缈的修仙练道，无法与谢道韫产生精神世界的共鸣，谢道韫拨弦弄清音，他却在一旁敲破锣。

谢道韫不喜欢王凝之，在别人面前，她也不掩饰这种感情。婚后不久，她回娘家探亲，谢安见她闷闷不乐，于是问其究竟，她很不高兴地说："我们陈郡谢家满院玉树芝兰，琅邪王家也是才俊子弟辈出，可王凝之呢？唉，天地间怎么会有那么蠢的人！"谢安没有说话，这时候他也后悔了，但他无计可施。

谢道韫与王凝之一起生活了四十多年，如果说王凝之有什么地方做得还不错，那就是他整天忙着炼丹画咒，顾不上管别的事，不会动不动就用陈腐的规矩来干涉妻子的自由。

有一次，琅邪王家来了一个客人，与王凝之的弟弟王献之辩论玄理。王献之造诣有限，辩了几个回合就被对手杀得丢盔弃甲。谢道韫在屋里听得着急，于是在门口挂起青布幔，让婢女出去传话，请来客到帘前就座，探讨玄理，任凭客人使尽生平所学，也无法在言语上胜过她半分。

谢玄有个朋友叫张玄，张玄的妹妹也是出名的才女。"二玄"时常发生争执，这个说自家姐姐的才情当世无双，那个说自家妹妹的才华无人能及，争来争去没个结果，他们只好请一个叫济尼的人代为评判。对此，济尼的说辞是，谢家才女"神清散朗，故有林下风气"，张家才女"清心玉映，自有闺房之秀"。

从济尼的评判中我们可以看出，济尼并没有特意捧高谁或贬低谁。用通俗的话来说，济尼的意思是，二人各有各的优点，谁也不比谁强，谁也不比谁差。然而，我们需要注意四个字——林下风气。"林"指的是竹林，"林下风气"是说谢道韫颇有竹林名士的风采。所以，用更加形象一点的话来说，谢道韫有一股锋芒外露的英气，而张玄的妹妹更加女儿气一些。

中国历史文坛上，光彩夺目的女性名人就那么几个，尽管谢道韫就是其中之一，但关于她的作品，我们往往也就只知道那一句"未若柳絮因风起"。当然，文学评论家还不至于草率到因为一句诗，就给她冠上名人头衔的地步。事实上，谢道韫一生中创作的诗文极多，可惜保存至今的寥寥无几，其中，完整的作品仅有两首，其中之一是《泰山吟》。

峨峨东岳高，秀极冲青天。
岩中间虚宇，寂寞幽以玄。
非工复非匠，云构发自然。
器象尔何物？遂令我屡迁。
逝将宅斯宇，可以尽天年。

这首诗笔力矫健，气魄宏大，容易使人联想到杜甫的名作《望岳》中的"会当凌绝顶，一览众山小”。如果对作者没有一定的了解，可能会以为这首诗出自某位男性诗人之手。

当然，文如其人，人亦如其文。

谢道韫的人格如其文，她的生平也如其文，零零碎碎，只有几个片段。隔帘辩论玄理之后，她在历史记录中一连许多年都悄无声息，直到三十多年后，在一次血流成河的战争中，她才再次出现在我们的视野里。

公元 399 年，江东爆发了一次惊涛骇浪一般的暴乱，时任会稽郡郡守的王凝之昏聩愚昧，动乱到来之时不加强守备，操练兵马，反而整天求仙问道，妄想天地神明能用虚无缥缈的法力帮他守城。结果，城池陷落，暴徒一拥而入，王凝之在混乱中被人摘了脑袋，他和谢道韫的子孙几乎被屠戮殆尽。

此时的谢道韫已年过半百，暴徒攻入她的家门时，大家惊慌失措地逃命，她却抱着只有三岁的外孙刘涛，拿着宝剑冲入暴徒之中连斩数人，杀开了一条血路，最终因寡不敌众被生擒。为了泄愤，残忍的乱军要杀死她的外孙，这时候，她愤怒地呵斥道：“你们要杀王家人的话，杀我就是，这是我的外孙，并非王家人，你们不要伤害他！”谢道韫此言一出，首领孙恩不由被这位女中豪杰的气概震住了。出于对谢道韫的佩服，他放过了谢道韫和她三岁大的外孙，并吩咐手下以后不得登门惊扰。

从此，谢道韫闭门不出，不再过问外事。几年后，动乱平息，新任会稽郡太守刘柳慕名前来拜访。与许多年前的隔帘论道一样，隔着一方帘幕，谢道韫与刘柳畅谈了很久。谢道韫还是当年的谢道韫，还有才情，还有英气，但她也上了年纪，经历过太多的风波，留下了太多耐人寻味的回忆，积攒了太多心事。最疼爱她的叔叔谢安早就过世了，她最关心的小弟谢玄已故去多年，她最怜爱的孩子们也已经在地下沉睡了很久。所以，与上一次隔帘论道不同的是，这次除了论道，她还谈了许多过往云烟。

刘柳来得正是时候，因为这时候谢道韫想说话。后来，别人问起这件事，刘柳没有说谢道韫具体说了什么，只是说，谢道韫“使人心形俱服”。

谢道韫的诗文中，完整保存至今的另一首是《拟嵇中散咏松》。

遥望山上松，隆冬不能凋。
愿想游下憩，瞻彼万仞条。
腾跃未能升，顿足侯王乔。
时哉不我与，大运所飘摇。

我们有理由相信，这首诗作于谢道韫与刘柳会面之后。因为，诗文内容符合她在生命最后的那段时光里阅尽千帆的心境。

酒

陶渊明　穷开心的隐士　| 与月 MOON/ 绘

# 陶渊明

## 穷开心的隐士

张岩 / 文

人物年代：　晋宋时期

人物小传：　陶渊明，字元亮，又名陶潜，别号五柳先生，私谥靖节，世称靖节先生，浔阳柴桑（今江西九江）人。晋末宋初著名诗人、辞赋家、散文家，中国历史上第一位田园诗人，被誉为“古今隐逸诗人之宗”。陶渊明是陶侃的远亲，早年间家境富裕，兼习儒、道两家之学，无仕宦之意；青年时家道中落，被迫出仕，但仕途坎坷。公元 398 年，陶渊明应召入桓玄幕府，因发现桓玄野心勃勃而选择隐逸。刘裕建宋后，陶渊明也曾有过一段出仕经历，但不久就辞官归隐，彻底退出官场，并在归隐前留下千古名言“不为五斗米折腰”。公元 427 年，陶渊明卒于浔阳，友人私谥为“靖节”。

个人成就：在诗歌方面，陶渊明是中国历史上的第一个田园诗人，他以纯朴的语言、高远的意境为诗坛开辟了新天地。难能可贵的是，因为有实际的劳动经验，陶渊明的诗作中充满了作为劳动者的喜悦以及对劳动人民的同情，这也是其他田园诗人所望尘莫及的。在辞赋和散文方面，陶渊明的作品亦庄亦谐，既富有生活情趣、晓畅清新，又节奏跌宕，富有音律之美，成就之高首屈一指。无论是在当时还是在后世，陶渊明的文学思想都是独树一帜的，他对真、善、美的理解，以及对社会和现实的思考，都极大地影响了中国文学的发展。同时，他的人格也对中国文人性格的塑造产生了深远的影响。

人物代表作：《归田园居》《杂诗》《归去来兮辞》《桃花源记》

# 陶渊明

## ——穷开心的隐士

隐士是个奇怪的行业——如果说它能算是行业——一旦入行，就不能说它不好，否则就是“打了自己的脸”，并且会招人耻笑。所以，入了隐士这一行，即使过得苦，也要说得诗情画意，把自己说得出尘脱俗。然而，陶渊明是个例外，他从不掩饰身处这个行业的辛酸，但他依然过得很开心。

许多人认为，陶渊明是东晋权臣陶侃的后人，也有人认为，这是陶渊明的虚荣心作祟，冒认“阔亲戚”。其实，陶渊明只是说自己跟陶侃是亲戚，并没有说过自己是陶侃的后人，但有一点是肯定的——他对有这种亲戚关系很自豪。

陶渊明的父亲做过太守，因而在陶渊明这一代，陶家的生活条件还是可以的。但陶渊明刚满八岁时，他的父亲就去世了，好在留下了一些财产，能让妻儿过得舒服。

青少年时，陶渊明没有做官的打算，也不知道生存的艰难，读书、赏景就是他生活的全部。

许多年后，陶渊明懂得了生活的艰难。有一次他给友人写信，年少时美好的经历突然在他的脑海中被“激活”了：葱翠的树木，清脆的鸟鸣，敞开的轩窗，幽凉的晚风，这些画面在他的脑海里一闪而过。咀嚼着浮光掠影，他在书信中对友人苦涩地说，唉，当时我还年少，真是肤浅啊！

尽管陶渊明在早年间的一些诗文中也抒发过关于仕途的豪情壮志，但不用怀疑，那和小孩子说“我长大了要拯救地球”没有什么区别。

在陶渊明的一生中，二十一岁是一个“转衰点”。在那一年，陶家的田产被世家大族侵占了一大半。

依靠剩下的家产，陶渊明又支撑了八年。在这八年里，他的生活还是不错的，娶妻生子，修建了一座读书堂和一座寺庙，除了日常的生活开销，他还有余钱做一些满足精神生活的事情。但他会支出却不会经营，这就比较麻烦。

终于，在二十九岁那一年，他的家产见底了。母亲年纪大了，需要养老；孩子还小，需要抚养；妻子与那个时代所有的女人一样，专职相夫教子，没有谋生能力。所以，所有的生活重担都压到了陶渊明一个人的头上。

在养家糊口这种事上，大文学家与普通人并没有什么区别。

陶渊明是读书人，他的性格和身份决定了他做不了也不屑于去做经商的营生。除了做官，他没有别的出路。尽管他只是陶侃的亲戚，但这种亲戚关系已足以成为他出仕的起跳台，而且，这个起跳台还相当高。

他的第一份工作是江州祭酒。据史官记载，这份工作让他很不愉快，因为在官场上，陶渊明需要时时看人脸色，总是被呼来喝去，所以没做多久他就辞职了。这个记载让人觉得陶渊明清高孤傲，宁可受穷也不愿卑躬屈膝。

其实，江州祭酒并非任人使唤的杂官小吏。陶渊明辞职，主要是因为和顶头上司王凝之——谢道韫的丈夫——相处不睦。

王凝之整天神神道道，画符念咒，就连谢道韫也不喜欢他。不过，他对陶渊明还算不错，至少在工资待遇方面是这样。

陶渊明如果功利一点，可以这样想：你画你的符，念你的咒，反正跟我没关系，我拿我的工资就好。但陶渊明忍受不了上司这样荒唐。王凝之误以为陶渊明辞官是因为嫌弃工资待遇不好，于是又派人去请他回来，并许诺给他升官，但陶渊明同样拒绝了。

往后的日子怎么过呢？站在破败的屋檐下，遥望着夕阳下的南山，陶渊明看到了从田间归来的农人和骑着黄牛的孩子。他想：往后就种田吧。

种田是绝大多数人谋生的方式，看似稀松平常，谁都能做，但其实它是一个专业性非常强的行当，特别是在那个靠天吃饭的年代，没有农药，没有农机器械，大旱、大涝、虫灾又总是接踵而来。不夸张地说，在那个年代，种田就是一份天人搏斗的工作。

很不幸，刚刚进入这个行业，陶渊明就被老天击败了，因为一场突如其来的水灾，他打理了好几个月的庄稼地全都泡汤了。没过多久，他的妻子也因病去世了。

这对陶渊明的打击很沉重，但能怎么办？日子该过还得过。

陶渊明的第二个妻子姓翟，是他一个隐士朋友的妹妹。

翟氏知书达理，能谈风花雪月，同时也“接地气”，能下地干粗活。陶渊明很爱这个妻子，在一首诗中，他甚至肉麻地说：“我愿意做你的头发、衣领、腰带、鞋子，这样不管你走到哪里，我都能陪着你。”

当然，这只是清苦生活中的小插曲，柔情蜜意充其量只能稍微稀释一下生活的苦涩，能填饱肚子依然是陶渊明婚后生活的主题。虽然他放下文人的身段，拿起了锄头，但握着锄头的手并不是那么坚定，他对官场依然抱有斩不断理还乱的留恋，毕竟府衙里的生活不需要风吹日晒，待遇也不是在庄稼地里挥汗如雨所能比的。但陶渊明的自尊心很强，与主动去求官相比，他更愿意被人请去做官，可什么时候才会有人来请呢？

婚后第四年，陶渊明等来了被请去做官的机会。不过，在他的一生中，这次做官成了令他毛骨悚然的梦魇。

请陶渊明出山的人是桓温的儿子桓玄。桓玄是个风神疏朗的青年，性格做派颇有其父的风采，英武不凡，而且钟爱诗文，喜欢书画，在审美趣味方面与那个时代的士人颇为一致。对于陶渊明来说，这是一个理想的上司，接到征召之后，他马上启程，来到了桓玄的军府。但他没料到，桓玄是一头斯文的“恶狼”。

此时的东晋帝国行将就木，桓玄雄踞长江中上游，已有改朝换代的念头。他征召陶渊明只是想博取礼贤下士的名声，以便迷惑更多的人为他效劳。当陶渊明发现桓玄的野心的时候，已经太晚了。

桓玄小时候曾经与兄弟们斗鹅，因自己的鹅斗不过而恼羞成怒，入夜之后，他竟然悄悄潜入鹅舍，杀了兄弟的鹅。对于不服从他的人，桓玄向来心狠手辣。

继续为桓玄效力，自己终究会成为叛贼；弃他而去，可能会掉脑袋。陶渊明没有办法，只能假装一切如常。

有一次，他奉桓玄的命令到京城出差，返回军府途中，因为遇到了狂风，他不得不在荒郊野外的一个驿站住了一宿。在风声呼号的长夜里，他的心里充满了恐惧，觉得天地几乎就要在狂暴的大风里崩塌了，回想起做官之前的苦日子，他突然意识到，过清苦但安心的日子何尝不是一种幸福。

不久后，陶渊明的母亲去世了。丧母是人生中的一大哀痛之事，但这也给了他一个正当的请假理由。在陶渊明为母亲服丧期间，桓玄率军顺江而下，攻陷京城，篡权夺位，然后，刘裕以光复晋室为旗号，沿着长江一线与桓玄展开了拉锯式的厮杀。

战斗临近尾声时，陶渊明投奔到了刘裕麾下。这并非投机，而是因为恐惧，或者说是为了保命，因为陶渊明先前追随过桓玄，怕日后遭到刘裕的报复。不过他想多了，在刘裕眼里，他还不够资格成为打击的目标，况且，因为为母亲服丧，他并没有为桓玄效力几天。

从刘裕的军府里安然无恙地走出来的那一刻，陶渊明长舒了一口气，经过桓玄之事，他对仕途完全不抱任何期望，认为能保住命就足够了。但在彻底退出官场之前，陶渊明还想再做一次官，攒一些钱作为归隐之后的开销。某次与友人谈话时，他也不掩饰地表示，这一次他做官的目的就是为了钱。

然而，时代变了。刘裕崛起之前，陶渊明依靠祖上或者自己的声望做官完全没有问题，但刘裕崛起之后，这一套都被扫到了历史的“垃圾堆”里，能不能做官只有一个标准——

能不能做成事。

陶渊明所说的为钱而做官的话传了出去，毫不意外地变成了他做官的阻碍。尽管通过亲戚关系，他费尽力气谋到了彭泽县令的差事，但他在这个工作岗位上只待了八十多天就辞职了。辞职之前，他留下了那句与官场决裂的千古名言——吾岂能为五斗米，向乡里小儿折腰！

这一年，陶渊明四十一岁。

有时候，田园生活有些浪漫，“采菊东篱下，悠然见南山”。但大多数时候，田园生活很苦涩，“种豆南山下，草盛豆苗稀”——庄稼地打理得不好，杂草太多，豆苗太少，今年的收成又成问题了。

陶渊明以种田为生，但他似乎连时令也搞不清楚，有时候还需要农人提醒，才知道到了播种的季节。在那个靠天吃饭的时代，勤勤恳恳种田也不见得能填饱肚子，本职工作做不好的结果便是缺衣少食。更倒霉的是，陶渊明的运气也不怎么好，人祸有时候也来袭扰他一番，给他增添了不少烦恼。有一次，他的家里失火了，一家人无处安身，只好挤在一条破船上度日。

陶渊明并不忌讳谈论生活中的种种困窘，破被子、破衣服、残缺不全的瓶瓶罐罐、空空如也的酒壶、清锅冷灶……在他的诗文中屡被提及。如果他生活在现代，不明就里的人去到他家里，恐怕会以为他家是“废旧物品回收站”。

夏天白昼太长，饥肠辘辘实在难熬，于是陶渊明盼着天赶快黑下来，好通过睡觉扛过饥饿的折磨；到了冬天，黑夜太久，寒冷难耐，他又盼望着天赶快亮起来，好去晒太阳。最为饥饿的时候，陶渊明不得不去向陌生人乞食，幸好好心人给他饭吃，供他酒喝，还能跟他谈论一番诗文。

陶渊明喜欢喝酒，宁可没饭吃也要有酒喝，有一回他甚至打算把所有的田地都种上能酿酒的粮食，幸好翟氏苦劝，他才打消了这个荒唐的念头。另有一次，一个老朋友来看他，临走时给他留下了一大笔钱作为接济，但他转头就把钱全都送到了酒馆里。以前喝酒还需要一次一结账，这下可好，可以敞开肚子喝了！

陶渊明有五个儿子：大儿子懒惰无比，终日游手好闲；二儿子不学无术，看见笔墨就头疼；三子、四子似乎有点儿痴傻，十二三岁了连十以内的数都数不清楚；五子还小，不知道以后会怎么样，但他的未来也相当令人担忧，快十岁了还整天只知道摆弄梨子和栗子。

以世俗的眼光来看，陶渊明的下半生过得狼狈而悲惨，但在这样的境遇中，他却能笑出声来。

陶渊明的诗文中，最为人熟知的是《归去来兮辞》和《桃花源记》，但我们更应该注意他的《拟挽歌辞三首·其三》。

荒草何茫茫，白杨亦萧萧。
严霜九月中，送我出远郊。
四面无人居，高坟正嶕峣。
马为仰天鸣，风为自萧条。
幽室一已闭，千年不复朝。
千年不复朝，贤达无奈何。
向来相送人，各自还其家。
亲戚或余悲，他人亦已歌。
死去何所道，托体同山阿。

这首诗是陶渊明某次卧床养病时所写，当时他病得很重，以为自己快死了。在对自己的葬礼的想象中，他写下了这首风格奇诡的自祭诗。

死亡是困惑许多人的难题，庄子曾幻想过一段与骷髅的对话，以自娱自乐的方式来疏解死亡的困扰，这说明即便豁达如庄子，对死亡也是比较在意的。而在陶渊明眼里，死亡根本不是问题，不过是“托体同山阿”，什么都没了。

如果说陶渊明归隐后的田园生活是一幅加密的画卷，那么这首自祭诗就是解开画卷的密码，因为陶渊明对死亡的达观就是这幅画卷的底色。连死亡都不在乎，别的东西在他心中的分量可想而知。

归乡后，陶渊明写出了名垂千古的《归去来兮辞》。如今读这篇文章，我们总感觉它是陶渊明一气呵成的，但其实从开始构思到文章最后写就，他花了一年多的时间。在艰辛困顿的生活中还能写出这样的文章，足以说明陶渊明对田园生活的热爱。

陶渊明热爱田园生活，这是毫无疑问的，问题是，这种热爱是一种什么样的“热爱”呢？有人说，这是诗意的栖居；有人说，这是返璞归真；有人说，这是一种生命的从容；还有人说，这是对黑暗现实的无声抗争……这些说法都有些站不住脚，都把陶渊明的处境浪漫化了。我们有理由相信，让说这些话的人去体验一下陶渊明的生活，他们肯定不愿意。

事实上，陶渊明真实的田园生活既不诗意、不归真，也不从容；相反，他生活得很困窘、很现实、很狼狈。而且，他归隐的那个时代也算不上黑暗，刘裕主政年间是两晋以来一个罕见的清明时代，对老百姓来说尤其如此。

那么，陶渊明对田园生活的热爱是一种什么样的“热爱”呢？

要想了解这种热爱，得从陶渊明本身说起。一个不容辩驳的事实是，陶渊明是一个对外界变化很敏感的人，按现在的说法，他是一个害怕不安定的人。尤其当外界充满了不确定的风险时，只有在自己的小世界里，他的内心才是平静的。

在外面的大世界里，有很多事情是他摸不着头绪的，他不知道厄运和不幸会在什么时候落到自己的头上。比如，为桓玄效力的时候，他就对桓玄的野心感到战栗不安；向刘裕投诚的时候，他也对未知的命运感到恐惧，因为他不知道刘裕会不会放过自己。

在自己的小世界里，无论出现什么问题，他都能知道问题的根源在哪里。比如，庄稼歉收是因为天灾，无家可归是因为失火，无酒可喝是因为穷困。尽管小世界里有诸多不幸和艰难，但这种活得明明白白的感觉能给予他心灵上的抚慰。如果说小世界里有什么事情是他无法预知和掌控的，那就是死亡，但他连死亡都不在乎了，别的苦难当然也就不是那么难以忍受了。因此，过得再苦，他也甘之如饴。

归根结底，不是别人对不起他，不是社会对不起他，过田园生活只是一种为了追求内心平静而做出的自我选择。所以，他对田园生活的热爱是发自内心的、真诚的热爱，不像别的隐士，貌似悠闲地站在田园中，却焦灼地向繁华喧嚣的红尘世界张望着，时来运转时就说“邦有道则仕”，时乖运蹇时就高唱田园赞歌。因为这些人缺乏对田园生活的热爱，所以陶渊明成了隐士行业的“大宗师”，而他们只能排在陶渊明后面，从陶渊明的影子里截取一些片段，来自我投射。

我们可以远距离地佩服陶渊明与大世界决裂的决绝，也可以远距离地欣赏他对内心平静的追求，但我们也相信没有谁真心想成为他，因为他的生活太苦了。

陶渊明只有一个，没有谁能成为他。从功利世界的角度来看，他是失败的，但从追求心灵自由的角度看，他是成功的。因为，他真正按照自己想要的方式过完了一生，笑中有泪，苦中有乐。

酒

谢灵运 任性妄为的名士 | suars / 绘

# 谢灵运

## 任性妄为的名士

张岩 / 文

人物年代：　晋宋时期

人物小传：　谢灵运，本名公义，字灵运，陈郡阳夏（今河南太康）人，晋末宋初大臣、佛学家、旅行家，山水诗派鼻祖。谢灵运出身陈郡谢家，早年间被寄养在道观中，少年时才回归谢家，十八岁时承袭祖父爵位，被封为康乐公，后来又到琅邪王司马德文的幕府中任行参军。东晋末年，皇室衰微，刘毅与刘裕为争夺大权明争暗斗，谢灵运先投奔刘毅，刘毅失败后又投奔刘裕。公元420年，刘裕代晋自立，因为被降爵削邑，谢灵运颇为郁闷。宋少帝继位后，谢灵运走向极端，任性妄为。公元433年，谢灵运被朝廷放逐，在流放途中被杀。

个人成就：谢灵运是中国历史上第一个全力创作山水诗的诗人，他的诗作既重雕琢，又重自然，开创了中国山水文学的新境界，在晋宋之交就产生了巨大的社会影响，并且不同程度地影响了齐梁文学的永明体以及唐代的山水诗。此外，在佛学和目录学方面，谢灵运也做出了巨大的贡献。他参与过《大方广佛华严经》《大般涅槃经》的润改、注释；为刘宋皇室担任秘书监期间，他奉诏著录，四处收访散失的典籍，亲自整理，在殷淳等人的协助下撰成《元嘉八年秘阁四部目录》。

人物代表作：《谢灵运集》注解《大般涅槃经·文字品》《十四音训叙》《辨宗论》

# 谢灵运

——任性妄为的名士——

在魏晋南北朝时期，出身于名门望族的孩子，天生就是加了名士光环的。在家族背景的加持下，资质差一些的，能成一个小名士；资质尚可的，能成一个大名士；资质优秀的，能成为超级名士。

谢灵运的父亲是资质差一些的小名士，谢灵运是资质优秀的超级名士，谢灵运的爷爷谢玄曾经颇为疑惑地说："我生下了资质平庸的儿子，我的儿子又是怎么生出灵运的呢？"

谢灵运在两三岁的时候，就被寄养到了钱塘的一个道观里，之后十多年，他就是在这里长大的。谢家将他寄养在道观的具体因由不详，毕竟家里的生活条件比道观好很多。但无论如何，这个决定阴差阳错地救了谢灵运一命。

公元 399 年，东晋爆发了一场大动乱，谢家子弟几乎被屠戮殆尽，时年十五岁的谢灵运因当时被寄养在道观里，侥幸躲过了这一劫。第二年冬天，动乱平息，他离开道观，回到了自己的出生地——位于会稽郡的始宁墅。

始宁墅是谢家名下的一个山庄，左邻太康湖，右邻浦阳江。因为离家太早，谢灵运对自己的出生地没有太多的印象，小时候见过或者没见过的叔伯兄弟，也大多在那场大动乱中去世了。回到人声寥落的山庄，面对曾经熟悉如今却很陌生的一切，谢灵运有一种恍如隔世的感觉。

在那个时代，豪门大族的子弟从来都不用为仕途发愁。大概在十八岁的那一年，谢灵运接到了朝廷的征召，但他嫌弃官职太低，毫不犹豫地拒绝了。不久，琅邪王发来征召，请他到王府担任行参军，这一次他没有拒绝，答应得相当痛快。

有趣的是，就在谢灵运出仕的这一年，有一个姓陶的中年人做了一首名叫《归去来兮辞》的抒情小赋，告别了官场。在未来的文学史中，他将与谢灵运一起成为那个时代的文坛双璧。他的名字叫陶渊明。

为琅邪王效力的时候，谢灵运只领工资不干活，没有做过什么有实际意义的事情，几乎把所有的时间和精力都用到了享受上。在吃穿住行方面，他以追新求变为宗旨，把祖先积累的财富当作土一般挥霍，从来不屑于和别人用一样的东西，他的食谱、车驾、豪宅、衣服被京城的达官贵人争相效仿。放到今天，他一定是时尚界的“教父级”人物。

此时的东晋帝国已经气息奄奄，“气吞万里如虎”的刘裕正在紧锣密鼓地攫取皇权。谢灵运在琅邪王手下混了两个多月，察觉到时局即将有变，便辞官扬长而去，转而为一个叫刘毅的将军效力。

刘毅是刘裕的老战友，是一个喜欢附庸风雅的武人，有谢灵运这种文采风流的贵宾来投，他当然是求之不得。前前后后算起来，谢灵运在刘毅手下混了七年。与此前一样，他只拿工资不干活，几乎什么也没有为刘毅做过。在大多数时间里，谢灵运都处于一种“混日子”的状态，对自己的工作漫不经心。

这并不代表他淡泊名利，对仕途不感兴趣，而是谢灵运觉得自己的身份高贵，为刘毅这样的大老粗卖力太“掉价”。不过刘毅也不指望他做什么，自己麾下的幕僚中有个谢家的贵公子，这本身就是一件值得炫耀的事。

后来，因为政见分歧，二刘反目成仇。恶战一触即发之际，谢灵运请假，说庐山上有个老僧是他的故友，他想去找友人叙旧。在这样的形势下，以这样的理由请假，未免让人觉得很荒唐，但刘毅还是批准了，因为他知道谢灵运对他来说只是一个装饰品，虽然文采风流，但做实事不行，把他留在军中也没有什么用。

山下的大江上血流成河，二刘的军队拼命厮杀；山巅的古刹里，谢灵运悠然自得，与老僧谈着深奥的玄理和高妙的佛法，一派现世安稳、岁月静好的模样。

古刹里的长谈结束后，山下的厮杀也结束了，刘毅兵败，在一座破旧的庙宇内自缢身亡。

在血色还没有被冲刷干净的大江里，谢灵运乘坐一叶扁舟顺流而下，来到建康，向刘裕表达了投诚之意。他觉得自己是名门贵胄，刘裕一定会宽待自己。

与刘毅一样的是，刘裕也是一个出身于草莽的武人，需要谢灵运这样的贵公子来点缀门庭；与刘毅不一样的是，刘裕更加精明、更加务实，需要真正能出力的人。所以，对工作不上心的谢灵运毫不意外地在刘裕面前碰了钉子，没过多久就被免职了。

时代正在变化，刘裕也在扭转乾坤。他改变了门阀当道的局面，提拔了一批出身寒微而又务实的人进入权力中枢。

高贵的出身怎么突然之间就失去护身符的作用了呢？谢灵运生平第一次感觉到了惶恐，与他身份相当的许多人也有了类似的感觉。

不过，尘埃落定之前，刘裕还不想与门阀士族公然决裂，只是想敲打一下他们。因此，谢灵运被免职不久，刘裕又把他召回朝廷，让他做了一个没有实权的散官。

之前在刘毅手下做散官时，谢灵运的心态是轻松的，觉得自己是给刘毅面子；但今非昔比，在刘裕手下做散官时，他的心里更多的是寄人篱下的惶恐感。在写给亲友的一些诗文中，他曾多次抱怨过现在的处境。人都是失去了才懂得珍惜，当年顺风顺水的时候，谢灵运虚度光阴，无所事事，而今栽了跟头，他才渐渐懂得了人世的难处。

公元420年，刘裕代晋自立，建立刘宋王朝，东晋年间呼风唤雨的门阀士族遭到了集体性的压制，谢家也概莫能外。

在新朝堂上，谢灵运扮演的角色依然是“花瓶”，对于谢家和自己遭受的压制，他感到相当郁闷。就在他郁郁寡欢的时候，一个叫刘义真的小王爷向他伸出了橄榄枝。

刘义真是刘裕最为宠爱的儿子之一，也是一个狂热的文学爱好者。出于共同的爱好，他将谢灵运揽到了自己的王府里，将他视为心腹和知己，几乎到了无话不谈的地步。有一次他甚至对谢灵运说，他日我若为天子，就请你做宰相。

看起来，这是一个前所未有的好机会，谢灵运似乎很快就要飞黄腾达了；但问题是，刘义真只是个品行顽劣的少年，而且是刘裕的次子，做皇帝这么好的事还轮不到他。

世上很少有人会把浮浪少年说的话当一回事，但天真的谢灵运被“受到重用”的喜悦冲昏了头脑，真的以为自己很快就能青云直上了。

公元422年，刘裕去世，刘义符继位。

刘义符（宋少帝）继位后开始排抑刘义真的人马，一纸诏书把谢灵运贬往永嘉（今浙江温州）任太守。

当时的永嘉是个很穷的地方，被贬到这样的地方，谢灵运心中的失落可想而知。对于朝廷的“不公”，这位不谙世故的贵公子，竟然采取了自暴自弃的态度。

任永嘉太守期间，他也对自己的工作不上心。选拔人才、断狱诉讼、民生疾苦、除暴安良……这些事情他统统不放在心上，就连直接听命于他的官吏，也经常一连十几天见不着他的人影。叔伯兄弟们劝他收敛一些，不要这么放肆，他也充耳不闻。如此胡闹了一年，朝廷没有理睬他，他也闹够了，于是提交了一份辞呈，告别官场，回到山清水秀的始宁墅，过上了隐士的生活。

在我们的想象中，隐士的生活是轻松而恬静的，但事实上，对于大多数隐士而言，这种生活是无聊而孤寂的。所谓隐居，往往是在仕途上无路可走或者栽了跟头之后的无奈之选。

谢灵运是个例外，他全身心地投入了隐士生活。

告别官场之后，谢灵运把所有的生命热情和诗文才华都投入山水之中。按照文学史的说法，他是历史上第一个全力创作山水诗的人。山水诗是一种由来已久的诗文体裁，其实在他之前，就有许多人写过许多山水诗，但在他们的笔下，山水就像中秋节的月饼、端午节的粽子、腊八节的腊八粥，往往只是一种情感的寄托。而在谢灵运的笔下，山水是全部、是所有。谢灵运写山水就如同南唐后主李煜写情，如同白描，朴素得没有任何雕琢的痕迹。

野旷沙岸净，天高秋月明。——《初去郡》

池塘生春草，园柳变鸣禽。——《登池上楼》

白云抱幽石，绿筱媚清涟。——《过始宁墅》

明月照积雪，朔风劲且哀。——《岁暮》

别时花灼灼，别后叶蓁蓁。——《答谢惠连诗》

那个时代的士人普遍爱好老庄，谢灵运也不能免俗，他自幼在道观中长大，受道家学说的影响要更深一些，所以他的山水诗总是拖着一条玄言的尾巴。通俗地说，他的山水诗的特点是，前面几句描摹山水的秀丽，最后一句却笔锋一转，说这些山水中寄寓着某种玄妙的老庄思想。这种联系有时候是合理的，有时候却显得特别勉强。尽管这条“尾巴”多少有些令人扫兴，但总体来说，谢灵运在山水诗领域的成就在那个时代是无人能及的。

虽然人不在官场，但因为出色的诗文创作，离开京城后的谢灵运反而成了京城的红人。上至达官贵人，下自贩夫走卒，谢灵运的每一首诗文都是京城人士津津乐道的话题。用现在的话来说，他的每一首诗都是“10 万 +”的传播量级。

公元 424 年，京城再度发生剧变，权臣先杀刘义符，再杀刘义真，拥立刘裕的第三个儿子刘义隆为帝。经过两年的蛰伏，不甘受人摆布的刘义隆突然出手，干脆利落地解决了权臣。

刘义隆本人也是一个文学爱好者，独揽大权之后，他两次下诏命谢灵运入朝为官，但谢灵运都拒绝了。隐居的这几年里，谢灵运闲散惯了，也无法忍受诏书中那种呼来喝去的口气。于是刘义隆退了一步，命令近侍写了一份征召书信，在书信中对他百般夸奖。谢灵运的自尊心得到了满足，这才应召就任。不过，这件事也让他产生了错觉，误以为自己是皇帝离不开的人，马上就要走红运了。

刘义隆的确很欣赏谢灵运，但这种欣赏仅限于文才，他只是想让谢灵运充分发挥文学才能，为前朝编纂史书。可谢灵运对这种欣赏产生了误解，对自己的才能也产生了不切实际的看法，觉得自己有治国理政的大才，不甘心只做御用文人。由于这些可怕而可笑的看法，谢灵运消极怠工，对皇帝的嘱托视而不见，还时常诋毁其他因文才而受到皇帝恩宠的人。

很快，刘义隆后悔了，觉得不应该把谢灵运召回来，但为了照顾谢灵运的颜面，他没有直截了当地下达辞退令，而是派人传话，想要让谢灵运主动辞职。

谢灵运的自尊心很强，领会到皇帝的意思之后，他没有胡搅蛮缠，而是主动提交了一份辞呈，比较体面地退出了官场。

回到家乡后，谢灵运又回到了游山玩水的生活状态，只是这一次他玩得更大，寻常的山山水水对他来说已经没有什么吸引力了，人迹罕至的险绝之地才能满足他的审美情趣。而且，他出游的排场也越来越大，动辄呼朋唤友，让数百人随行。

为了便于跋山涉水，他发明过一种精巧的鞋子，也就是他的忠实粉丝李白所说的“谢公屐”。这种鞋子的具体形状如今已无从得知，很可能是用来做比较危险的运动的，如果谢灵运生活在今天，想必他会成为极限运动爱好者。有一次，为了探访一处幽秘之地，他出动数百人，逢山开路、遇水搭桥，硬生生修了一条路，地方官为此吓得魂不附体，以为是山贼来袭。

类似的事情还有许多，不仅地方官对谢灵运那兴师动众的爱好感到颇为困扰，就连老百姓也不胜其烦。因为他们租种着谢家的土地，谢灵运但凡要出行，他们就得出动劳力或者为其提供吃喝。

如此过了两三年，一个地方官向朝廷弹劾谢灵运聚众扰民，有谋反迹象。谋反当然是没有的，谢灵运没那么大的胆子，但他胡闹得太过分，这也是他咎由自取。

胡作非为是一回事，谋反是另外一回事。谢灵运闻讯大惊，赶快策马奔往京城，向天子陈述冤屈。刘义隆知道谢灵运不可能谋反，但他也没有让谢灵运回乡，而是让他在京城附近做了一个小小的地方官。刘义隆之所以如此安排，是因为担心谢灵运回乡之后再胡作非为，扰民滋事。

遗憾的是，谢灵运没有体会到刘义隆对他的袒护之意，上任之后，他依然像从前那样对分内职责漠不关心，一再无事生非。所以，毫不意外的，他再一次遭到了弹劾。但与上回不同的是，朝廷派去捉拿他的人到达他府上之后，他竟然反过来命令家兵把朝廷的人抓了起来，然后留下一首歌颂张良刺秦的诗，像亡命之徒一般匆匆忙忙地逃跑了。

张良逃亡，是因为刺杀暴君失败，谢灵运歌颂张良，岂不是说当今天子是暴君？

因为这首逃亡诗，谢灵运“闹翻了天”，被捉回京城之后，很多大臣主张把他处死。好在刘义隆念在谢玄曾为国家立过大功的份上，他力排众议，决定放谢灵运一条生路，将他发配到广州充军。

然而，谢灵运还是不安分。被发配充军之前，他收买了一帮贼寇，让他们在半路上把他劫走。可他收买的贼寇是业余的，没有劫路抢人的经验，平时靠种田为生，只是为了赚些外快才铤而走险。所以，抢人的时候，这一伙贼寇失手了。更好笑的是，他们事先没有准备足够的干粮，失手之后，回村路上因为饥饿，他们合计了一番，打算去附近的村庄里抢一些吃的。就在他们围在一起商量去哪里抢劫的时候，有一队官兵路过，见他们鬼鬼祟祟，形迹可疑，马上把他们抓了起来。经过一番审讯，一个贼寇交代了事情的来龙去脉，地方官随即派人火速进京，向朝廷奏报了谢灵运的不法行径。

事情闹成这样，刘义隆也没有办法了，不是他不想袒护谢灵运，而是谢灵运三番五次胡作非为，已经让他无计可施了。

谢灵运只是一个荒唐文人，留着没多大作用，杀了又十分可惜——决定处死谢灵运的时候，刘义隆或许会这样想。

不久，谢灵运在广州被处死，终年四十九岁。不知道在被处死时，谢灵运会不会后悔自己的任性妄为。

笔墨丹青系列
第三辑
『文采天下』
敬请期待

笔墨丹青